中国
俗文化丛书

休养生息话家庭

丛书主编 高占祥

于云汉 吴存浩 著

山东教育出版社

图书在版编目(CIP)数据

休养生息话家庭/于云汉，吴存浩著. —济南：山东
教育出版社，2016
(中国俗文化丛书/高占祥主编)
ISBN 978－7－5328－9302－7

Ⅰ.①休…　Ⅱ.①于…　②吴…　Ⅲ.①家庭—通俗
读物　Ⅳ.①C913.11－49

中国版本图书馆 CIP 数据核字(2016)第 052141 号

中国俗文化丛书　　高占祥　主编
休养生息话家庭　　于云汉　吴存浩　著

出　版　人：刘东杰
出版发行：山东教育出版社
　　　　　(济南市纬一路 321 号　邮编：250001)
电　　　话：(0531)82092664　传真：(0531)82092625
网　　　址：www.sjs.com.cn
发　行　者：山东教育出版社
印　　　刷：山东临沂新华印刷物流集团有限责任公司
版　　　次：2017 年 2 月第 1 版第 1 次印刷
规　　　格：787mm×1092mm　32 开本
印　　　张：8.5 印张
印　　　数：1—3000
字　　　数：130 千字
书　　　号：ISBN 978－7－5328－9302－7
定　　　价：21.00 元

(如印装质量有问题，请与印刷厂联系调换)
印厂电话：0539－2925659

中国俗文化丛书

主　　编：高占祥

执行主编：于占德

副 主 编：于培杰

　　　　　叶　涛

　　　　　刘德增

序

    在中华民族光辉而悠久的历史传统文化中，俗文化占有十分重要的地位。它不仅是雅文化不可缺少的伴侣，而且具有自身独立的社会价值。它在中华民族的发展历程中，与雅文化一起描绘着中华民族的形象，铸造着中华民族的灵魂。而在其表现形态上，俗文化则更显露出新鲜、明朗、生动、活跃的气质。它像一面镜子，折射出一个民族、一个地区的风土人情和生活百态。从这个角度看，进一步挖掘、整理和发扬俗文化是文化建设的一项战略任务。

    俗文化，俗而不厌，雅美而宜人。不论是具体可感的器物，还是抽象的礼俗，读者都可以从中看出，千百年来，我们的祖先是在怎样的匠心独运中创造出如此灿烂的文化。我们好像触到了他们纯正的品格，听到了他们润物的声情，看到了他们精湛的技艺。他们那巧夺天工的种种创造，对今人是一种启迪；他们那健康而奇妙的审美追求，对后人是一种熏陶。我们不但可从这辉煌的民族文化中窥见自己的过去，而且可以从中展望美好的明天。

俗文化，无处不在，丰富而多彩。中华民族历史悠久，地大物博，人口众多，在长期的生活积淀中，许多行为，众多器物，约定俗成，精益求精，形成系列，构成体系，展示出丰厚的文化氛围。如饮食、礼俗、游艺、婚丧、服饰、教育、艺术、房舍、风情、驯化、意趣、收藏、养生、烹饪、交往、生育、家谱、陵墓、家具、陈设、食具、石艺、玉器、印玺、鱼艺、鸟艺、虫艺、镜子、扇子等等，都是俗文化涉及的范围。诚然，在诸多领域里，雅俗难辨，常常是你中有我，我中有你，彼此交叉，共融一体；有的则是先俗而后雅。

俗文化，古而不老，历久而弥新。它在人们的身边，在人们的生活中，无时无刻不影响人们的思想、观念和情趣。总结俗文化，剔除其糟粕，吸收其精华，对发扬民族精神，增强民族自信心，提高和丰富人民生活，都具有不可忽视的意义。世界文化是由五彩斑斓的民族文化汇成的，从这个意义上讲，愈是民族的，就愈是世界的。因此，我们总结自己的民俗文化，可以说是在构建世界文化的桥梁。这是发展的要求，时代的召唤。

这便是我们编纂出版这套《中国俗文化丛书》的宗旨。

目录

引 子

从呱呱坠地到咿呀学语，再从洞房花烛到年青力富，又从儿孙绕膝到撒手西归，人的一生几乎无时无刻不与家庭相伴。家庭，对于每一个人来说，实在是太熟悉太迷人太重要太神圣了。

大凡神圣的东西，民俗这个人类的伴生物则无不将其打扮了个够；家庭同样也不例外。在家庭这个人类的温馨小巢中，滋生、延续和嬗变着令人数不清的各色民俗。这里，既是五彩缤纷民俗的诞生地，又是形色各异民俗的传承地。一个小小的家，是滋生民俗流淌的河，是容纳民俗浩瀚的海。

一滴水，可以映射太阳的光辉。一个家，可以透视民俗的灿烂。

民俗装扮了家庭，在使家庭更加温馨脉脉的同时，也揭示了家庭真实内涵的方方面面。揭开装扮家庭的民俗面纱，能够使人们更深入地理解家庭的起源与变迁的历程，能够更明了地透视家庭的社会地位与作用的演化。

家庭，是一个小小的微观世界，但比宏观世界有意思得多！孩子们的嘈杂喧闹，对于大人们来说，那是一种动听无比的美妙音乐，是一种令人陶醉的安静。老奶奶那老掉牙的牛郎织女的故事，对于孩子们来说，则是一个新鲜永恒的美丽神话，是一种令人难忘的教诲。如此以非为是，以是为非的感觉错位，使每个人都对生他养他的那个家有着无穷眷恋、百般情结。同时，也昭示着家庭民俗所具有的独特魔力。

对于众多家庭来说其所具有的家庭民俗大致是相同的，但就某个家庭来说又往往都有一本难念的经。这相同与不同之间，似乎诉说着民俗在家庭中所发挥的作用有着极大的不平衡性，表明着民俗与家庭的关系有着一定的若即若离性。

家庭，是温暖的小巢，是人生的港湾，是基本的生活单位，是社会的细胞和基础。为此，思想家和理论家们对家庭的起源、演变、结构、功能、性质、机制及其在社会中的地位等，进行过广泛而深入的探讨。但是，对于家庭之中的民俗和民俗之下的家庭，即民俗与家庭之间的方方面面，还没有作过较系统的表述。为此，我们想奉献一点努力。

家庭民俗，民俗家庭，既是一个古老的话题，又是一个年青的话题。愿这一古老而又年青的话题，能给您带来民俗的芬芳，家庭的甜蜜。

一　人生的港湾

　　家庭与人们的生活休戚相关，家庭与民俗的关系如鱼水交融。但是，家庭的本意是什么？家庭是否与民俗同时起源的？是哪些民俗最先打扮了家庭？家庭作为民俗的载体在民俗的形成过程中发挥了哪些作用？如此等等问题，不能不引起人们的深思。

　　或许，从中可以看到家庭和民俗这两种社会事象的某些真谛。

（一）谁不想有个家

　　"家"这个字眼，对于人们太有诱惑力了。有首歌唱得好：

　　　　我想有个家，

　　　　那是个不大的地方。

……

　　但是，谁最早想到有个家呢？有人说，是小孩子最早想到有个家。因为，还在童年时代，不谙世事的少男少女们便玩起了"过家家"的游戏，从而在那天真烂漫的童心里便萌发了男婚女嫁的遐想。有的人则说，是青年人最早想到要有个家。理由便是：伴随着身体发育的逐渐成熟，生理需求的本能便促使青年人萌发出组建家庭的愿望。这些议论不无一定的道理。只是，这些议论都建立在家庭组成者的自身需求基础之上而考虑的，还没有将家庭作为一种历史范畴而予以充分地观察。

　　家庭如同民俗一样，都是一种历史范畴。相比较而言，家庭比民俗产生得要晚。民俗是人类的衍生物。伴随着人类的诞生，人类的某些行为和意识以及一些与之有关的物质便被逐渐地规范化而形成了民俗。民俗产生之后，不断将自己的外延扩大并最终规定了家庭的内涵和外延，导致了家庭的产生并使家庭成为民俗的一种载体。

　　家庭是民俗的一种产物，家庭文化所具有的方方面面无不充分地表达着民俗的某种规定性和制约性。在一个家庭之中，甚至连做子女的应该做些什么，不应该做些什么，为父母的应该做些什么，不应该做些什么，有关的家庭民俗都做了较为详尽的规定。如此繁杂的家庭民俗得以出现和形成的一个重要原因，即在于确保家庭这个社会生活组织形式的有序和兴旺，从而保证每个家庭成员都能最大限度地享受到家庭的温暖和呵护。这说明，家庭首先是作为一个社会生活的最基本组织形式而与人们发生密切联系的。

而家庭民俗则是家庭这个最基本的社会生活组织形式的一种规范和制约。民俗文化中的很大一部分表现为家庭文化，是为确保家庭的有序和兴旺而逐渐产生和形成的。若以民俗的社会属性为标准将其区分，民俗可被划分为家庭民俗和社会民俗两大类。在这两大类民俗之中，家庭民俗是核心和基础，制约和影响着社会民俗的发展和演变。从这种意义上说，民俗不仅规定和影响着家庭的性质、形态、功能和结构等方面的发展和演变，而且规定和影响着社会某些行为和道德意识的发展和演变。

家庭是社会的细胞，是人类生活的最基本的组织形式。人的秉性之一在于追求美好。为了更美好的岁月，男女老幼都对生他养他的那个家给予了最美好的祝愿。这种祝愿，在我国的春节习俗中表现得最为全面。春节是中华民族的传统节日，阖家团圆，相互祝福是其中一项习俗。春节除夕夜，一家人团聚一起吃年夜饭是全国性习俗。为了这顿年夜饭，在外地工作的儿女纷纷赶回家中，此谓之"奔年"。而那些赶不回家的和不能回家的，则在路途之上和外地给予父母以衷心的祝福。

对家庭成员祝愿最真挚者，莫过于其成员处在人生关键时刻所流行的有关民俗。人生之路虽然漫长，但关键的就那么几步，而这每一步都有一些特殊民俗与之相伴。诞生礼仪揭开了人生仪礼的开端，接着便是满月、百日、周岁等仪式。随着生理发育和智育的成熟，男女青年到了规定年龄，在我国古代大都要举行"冠礼""笄礼"。现在，虽然这种成丁礼性质的仪式已被放弃，但在近几年各地兴起的 18 周岁男女青年成为国家公民的宣誓仪式，同样具有传统成丁礼的特色。之后，结婚仪式更为隆重，众多民俗为一对青年人的结合带去了最美好的祝愿。进入老年之后，为祝福老人健康长寿的寿诞习俗，则给老人以感情的最大满足。即使老来驾鹤西归，各种丧葬习俗还同样带有祝愿逝世老人能够安息的性质。如此人生礼俗，无不发生于家庭这一社会生活组织形式之中，其在使家庭成为民俗的一种载体的同时，也使家庭与民俗在某种意义上成为一种统一体。

家庭，是人生的港湾。

在这一港湾里，每个人的少年时代得到无比的呵护；在这一港湾里，每个人的青壮年时代得到尽情的满足；还是在这个港湾里，每个人的老年时代得到完美的归宿。

家庭，应该是爱与被爱的港湾，是一个甜蜜的港湾。

但是，任何家庭都不是尽善尽美的。"幸福的家庭都是相似的；不幸的家庭各有各的不幸。"① 大千世界，芸芸众生，人生现象更是五彩缤纷，千姿百态。古往今来，不仅没有矛盾没有摩擦的家庭从来没有存在过，而且没有不幸没有灾难的家庭也是从来没有存在过的。这就导致了每个家庭的实际往往与家庭民俗所祈求的祝福总相背离的现象屡屡发生，于是便出现了事与愿违的悲剧：民俗祈求子女健康成长、长命百岁，但子女或疾病缠身，或英年早逝；民俗祝愿年轻人寻找到如意配偶，但实际结合的一对往往同床异梦、貌合神离；民俗祝福老人健康长寿、精神愉快，但人生的晚年往往孤独无依、处境凄凉；民俗祈盼家庭和和睦睦，但家庭的实际往

---

① 〔俄〕列夫·托尔斯泰：《安娜·卡列尼娜》第 3 页。

往是争吵连年、骨肉反目……如此等等，不一而足。

家庭，这个人生的港湾，是个并不风平浪静的港湾。

但是，追求幸福美满这个人的天赋驱动着人们，总是以坚韧不拔的毅力去追求一切美好的东西。正是在这种驱动力的作用下，导致了老人、孩子、青年、壮年，都能从自己的体会出发，从内心的深处发出催人泪下的呐喊：谁不想有个家?!

谁不想有个家?! 这个被呼唤的家，是充满温情的家。人们的这种呐喊，既是对家庭甜蜜温情的礼赞，也是对改变家庭温情缺乏现状的祈盼。其中，有美好的回忆，也有热烈的祝愿，还可能有一丝丝痛苦的难堪。一句"谁不想有个家"，如打翻的五味瓶，酸甜苦辣咸，味味让人刻骨铭心，终生难忘。从这种意义上说，谁不想有个家，可谓家庭民俗文化内涵的集中体现和淋漓宣泄。

为此，生活在幸福家庭中的少年少女，在孩提时代起即玩起了"过家家"游戏，唱起了"小小子，长大成个小伙子。小伙子，娶个漂亮小娘子。为啥娶个小娘子，点灯说话儿，吹灯做伴儿"那首老掉牙的儿歌，在民俗的氛围中开始萌发了对"家"的朦胧意识。而生活在不幸家庭中的少年少女，在备受折磨的同时，也在心灵上打下了对美好亲情的憧憬。两者殊途同归，都能使天真烂漫的孩子过早地发出人生的第一句呐喊：我想有个家。

青年男女正值人生花的岁月、梦的时代，一旦有可值得终生相伴的异性闯入自己的视野，爱情的烈火便可能熊熊燃烧。他们在喊出"我想有个家"的同时，也意味着这些业已成熟的青年人向世界宣告：他们即将长大成人，开始从父母的呵护下走出来组建新的家庭了。

处于年轻力壮的成年人，既是家庭的支柱，又是承上启下的桥梁。人到中年，上有老，下有小，还要拼命地工作和奔波，负重如牛。在外闯荡一天之后回到那个朝夕相处的家，或是孩子的一声甜甜呼叫，或是爱人的一个爱恋眼神，或是父母的一句熟悉唠叨，都能使一天的疲劳和懊恼顿然消释大半。但是，当家人如果不理解时，本来为支撑家庭而奔波得已经疲劳不堪的青壮年即可能因得不到应有的宽慰和理解而产生更大的疲劳，久而久之，家庭矛盾即能激化，甚至闹得夫妻劳燕分飞，家庭破裂。在如此两种截然不同的家庭对比中，处于后种境地的成年人在得出"好人的家里如果有一个恶妻，今生等于走进了地狱"① 结论的同时，自然更强烈地呐喊：我想有个家。

老年人为家庭中的长者。在具有赡养老人悠久传统的我们这样一个国度里，老年人尽享天伦之乐、颐养天年当有着坚实的基础。但是，由于种种原因，进入垂垂老矣岁月的长者亦有众多的烦恼。人老了，一个人是难以生活下去的。这时，需要老伴相依为命，互慰互助，互相搀扶着走完人生的旅程。衰老的最大悲哀并不是身体的衰弱，而是心灵的冷漠。因此，这时，更需要儿女的宽慰和照顾。或许因老伴的早逝，或许因儿女的隔膜，老年人那颗饱经沧桑的心也会在呐喊：我想有个家。

老的、少的，男的、女的，青年、壮年，都能发出"我想有个家"呐喊的事实说明，"谁都想有个家"是一个普遍存在的民俗心理。

而且，若将家庭作为一个历史范畴来看，这种民俗心理的存在已有着悠久的岁月了。

家庭是在原始社会中自然产生的。可以说，自家庭产生

---

① 〔波斯〕萨迪：《蔷薇园》第78页。

之后，"谁都想有个家"的民俗心理即已经产生了。有的学者认真考察和分析了云南永宁纳西族的家庭形态，指出在解放初年仍然存有母系制民俗的永宁纳西族存在着母系亲族、母系家庭、双系家庭和父系家庭等 4 种家庭形态。在母系亲族时，当地谚语即说："无男不愁儿，无女水不流"；"生女重于生男，女儿是根根"；"妈妈的话好听，别人的话不要信"；"不是一条根，不是一个心"。这表明，早在母系制时代，人们即已开始为维护那个温暖的家而在极力奋斗了。而且，由于多种家庭形态的并存，永宁纳西族的男子产生了要求建成一夫一妻制家庭的迫切愿望，致使当地流行的民歌中出现了这样的歌词："年轻的阿肖啊，我们办酒结婚吧"；"妻子生了娃娃，我有个幸福的家"。① 这说明，"谁都想有个家"这个民俗心理自母系制社会产生之后，进入父系制社会不但没有因社会形态的变迁而消失，反而更加强烈了起来。

可以说，"谁都想有个家"是一首古老的歌，一首古老的民俗之歌。这首歌如同一条长长的飘带，从遥远的古代一直飘到了今天。今天，这首民俗之歌仍然具有顽强的生命力，

---

① 以上谚语和歌词引自严汝娴、宋兆麟著《永宁纳西族的母系制》第65—66 页、第 341 页。

依然在不时地震撼着不同年龄层次、不同社会经历人们的心。这，大概即是民俗魅力的所在吧。

（二）家和万事兴

家庭是社会的细胞。这个社会细胞的首要职能是组织家庭成员共同生活，从而导致了家庭不仅是一个经济生活的共同体、一个组织消费的单位，而且是一个家庭成员精神生活的共同体。

生活本身就充满了矛盾。组织家庭成员共同生活的家庭，自然也是个各种矛盾的滋生地。夫妻之间、父子之间、兄弟姐妹之间、婆媳之间、姑嫂之间、妯娌之间等等，无不可能因为某种因素而导致或大或小的矛盾发生，从而导致了家庭中有时会阴云密布，有时甚至电闪雷鸣。

但是，人们所需要和憧憬的是家庭中永远的晴空万里、春风荡漾。"和睦的家庭空气是世上的一种花朵，没有东西比它更温柔，没有东西比它更适宜于把一家人的天性培养得坚强、正直。"[1]

---

① 〔美〕德莱塞：《嘉莉妹妹》第 82 页。

家和万事兴哟!

中国传统文化的基本精神之一,便是"和与中",即强调一切关系的和谐与均衡。孔子的弟子有若讲:"礼之用,和为贵。"(《论语·学而》)《中庸》也讲:"致中和,天地位焉,万物育焉。"在这种基本精神的驱动下,中国的传统思维方式以重和谐、重整体、重关系、重直觉、重实用为特色。我国传统文化的这种特点,追根求源,最根本的即是由家庭民俗文化所决定的。

中国人是异常强调家庭的重要性的。对此,中国传统文化学者将其称之为"家庭本位"。"中国家庭本位的主要表现是把家庭看得比个人更重要,特别重视家庭成员之间的伦理关系,如父慈子孝、兄友弟悌、夫唱妇随之类。"① 这些伦理关系的实质是对家庭各个成员应负的责任和应尽的义务加以规范,其所展示的具体内容则表现为家庭成员的互尽义务关系和单向服从关系。而家庭民俗所要规范和展现的则是这两种关系,所体现的则是家庭伦理,所要实现的则是家庭的和谐。

---

① 张岱年、程宜山:《中国文化与文化争论》第73页,中国人民大学出版社1990年版。

不过，值得注意的是，中国古代家庭的和谐与现代家庭的平等虽有着某些共通之处，但却有着质的差别。古代家庭伦理所规范的家庭成员互尽义务虽有着优良传统在其内，但体现的是家长制之下的互尽义务。而古代家庭伦理所规范的单向服从，即子女对父母、妻对夫、家庭成员对家长的绝对服从，则与当今的家庭平等关系有着格格不入的色调了。何况，古代家庭伦理是单向服从前提之下的互尽义务，互尽义务所体现的原则是单向服从。这表明，古代家庭民俗所追求的和谐是一种有条件的、被扭曲了的和谐。

于是，古代的人们，便在这种被扭曲的家庭和谐民俗氛围中从少年到青年，再到壮年、到老年度过自己的一生。

从降生那一时刻起，男女就被置于了不同的民俗氛围中，寄托了父母的不同期待。《诗经》中，载有古代对待刚刚出世婴儿的习俗，男以"弄璋"，女以"弄瓦"。这种习俗现在虽已不见，但在一些地区仍有与此雷同的习俗存在。如江浙一带，男孩出生以书为枕，希冀这个男孩将来能学业有成，出人头地；而女孩出生后则以绣花衣服为枕，盼望娇娇女能心灵手巧，勤于持家。同样是一具血肉之躯，而民俗却给予不同的见面礼，使还没有意识能力的个体带着哇哇的哭声便提前进入了社会为之圈定的位置。

孩子稍大之后，家庭民俗便开始不厌其烦地向他们灌输兄友弟悌、尊长爱幼等意识。类似孔融让梨式的传统教育和遇事情是大就让小的行为民俗实践，使孩子从小即牢固地树立起互相爱护、互相礼让的思想，为家庭关系的融洽打下了良好的基础。

更有甚者，孩提时代的家庭民俗教育为其未来家庭的建设都提供了可以思维的楷模。在这方面，每个家庭的自身行为及长辈所讲的神话故事所起的作用是不过低估的。虽然，老奶奶所讲的牛郎织女并不是真实的存在，但是，牛郎的勤劳，织女的灵巧，以及牛郎织女之间的纯真爱情等，都在自觉、不自觉地起着作用。如此孩提时代的潜移默化式家庭民俗的熏陶，甚至能在孩子的心灵中形成未来家庭模式的思维定势。当今青年人谈起自己心目中的理想配偶时，大都以男子有才、女子贤惠为答案，这种现象的存在与古代已有的家庭民俗陶冶不无一定的关系。

进入青年之后，家庭民俗仍然在规范和制约着青年人的行为，以达到维持家庭和谐的目的。在我国古代，通常存在着两种家庭结构形式：一种是适应于小农经济状况的个体家庭，另一种是适应于大地主土地所有制经济的同居共财式大家庭。无论是何种结构形式的家庭，传统民俗所维护的皆是"亲亲，尊尊，长长，男女有别，人之大道者也"。(《礼记·丧服小记》)其中的核心，则是"父为子纲、夫为妇纲"。青年人虽有自己的是非标准，但这种是非标准必须以父母的意志为转移。否则，家庭的和谐就要出现裂痕和问题。在这种家庭的和谐之中，子女要绝对地听从于父母，父母也有义务为子女的成家立业操劳，包括为子女盖房、置办必不可少的生产和生活用具、娶亲嫁女等。而子女则要乖乖地听从摆布，男婚女嫁，儿大分家，之后才结束在家庭中的从属地位而变成新的家庭主持者。如此习俗，在中国传统家庭中已成为数千年未曾变更的模式，规范和影响了一代代中国人。

年富力强的成年人，承担着支撑家庭的重担，既是和睦家庭民俗的主要执行者，又是和睦家庭的示范者。传统家庭民俗所规范的父慈母爱，构成了家庭和谐的主旋律，制约和影响着其他家庭关系的和谐程度。

即使进入老年，处于家庭被尊崇地位的老人同样在家庭和谐中有着重要的作用。中国的传统民俗是，老人只要还有能力，都在尽量为家庭做点事情。这种状况，正如一位75岁的老人《手记》所写："晚辈和长辈之间，真正的赠予机会似乎不多，却每天都有。这种赠予可能只是一句和善的话语，或者是一封问候的信函。但最重要的是将自己的真情融汇进去。我作为暮年之人，不愿在回忆中生活，而要找事干。对儿孙们哪怕是点滴帮助，也会使我感到欣慰。"①

这些都表明，为了亲属感情和相互帮助而牺牲个人私欲。这便是家庭和谐的根本保证。

人生的一大幸福和欢乐，是沉浸在亲密无间的家庭关系之中。中国传统家庭民俗的最大特点之一，便是家庭成员的互相祝福，互相帮助，从而保证了少有所长、壮有所成、老有所养等家庭与社会目标的实现。这是导致我国民间家庭风俗画主要为全家欢天喜地气氛的主要原因。（图1）

家庭是童年的保育院和人生的出发点。家庭民俗除对儿童有着众多的祝福仪式外，还对如何教育儿童有着多方面的规定。良好的家庭关系及生活的乐趣，是儿童抵抗坏风气毒害，健康成长的最好良剂。相反，只能造成儿童心灵的创伤而影响儿童身心发育。对此，契诃夫曾说："在妇女染有庸俗

---

① 转引自罗国杰：《伦理学》第 312 页，人民出版社 1989 年版。

化习气的家庭里，最容易培养出骗子、恶棍和不务正业的东西来。"①

图1　阖家团圆

　　青壮年是人生建功立业的黄金时代。为了有所成就，青壮年或许离开家庭而闯荡天下，或许未出家门而有所成就。无论属于何种情况，家庭都是有所成就的青壮年的基础。大

---

① 〔俄〕契诃夫：《契诃夫手记》第16页。

概正是因为如此，那句"成功的男人背后总是有一位伟大的女人"才成为一句名言，那首《十五的月亮》才慷慨地将军功的一半赠予远在家乡的心上人。

而老年人则如同一辆即将报废的汽车，需要人们的精心养护，才能行驶更远的路程。老年人的最大悲哀，不是身体的衰弱，而是心灵的冷漠。老年人心灵的冷漠，需要年轻人去为之修复。后辈给予前辈的最大宽慰，便是修复老年人冷漠心态的最佳良药。为此，中国人自古以来即很讲究"孝"字，并认为这是做人应具有的起码行为和品质。在年轻人的精心护理下，老年人不仅有了一个幸福的晚年，而且能焕发青春，为家庭和社会做出更多的贡献。

一年之中，每个季节都有自己的美妙之处。一生之中，每个时期都有自己的辉煌亮点。要想使生如夏花之绚烂，死如秋叶之静美，必须有一个和谐的家庭为其后盾。

和谐使家庭成员得到了最大的精神满足和享受，即使家庭经济拮据，生活清苦，也让人感到舒适温暖。

和谐能调动家庭每个成员的潜能，唤醒每个成员奋发向上的神经，从而能使这个家庭具有强大的创造力和凝聚力，这个家庭成员人生目标的实现和家业兴旺的局面便有了坚实的基础。

古往今来，如此事例代代不乏。

传说，孟子小的时候，家位于靠近墓地的地方，孟子常作殡葬的游戏。孟母见后认为这里不适合儿子居住，于是把家迁到靠近集市的地方。但是，孟子又常常学作商人买卖的游戏。孟母认为这个地方也不适合儿子居住，接着又把家迁到靠近学校的地方。从此，孟子开始学习模仿读书和礼仪。孟母见后，认为这里是可以让孩子居住的地方，于是便在这里定居下来。后来，孟子终于成为一名大儒。

孟母三迁的故事，可以作为父母苦心营造优越家庭环境，培育子女成才的代表。

传说，宋代著名金石学家赵明诚和女词人李清照婚后恩恩爱爱，志同道合。他们所居住的"归来堂"，屋宇虽不大，但整齐地排列着书橱及各种文物。为了收集文物，即使典当衣服，这对夫妇也在所不惜。为了研究金石，这对夫妇甚至以赌茶论输赢。在李清照的支持和帮助下，赵明诚终于著成《金石录》30卷，成为中国金石学上的佼佼者。后来，赵明诚病死，李清照为避兵祸而孤身漂泊江南，家庭的不幸和社会的动荡，更显示出一代词人的不朽风范。

赵明诚和李清照的情深伉俪，可以作为夫妻双方培育优良家庭环境以实现人生价值的代表。

传说，宋代名臣包拯自幼失去父母，是在其嫂的精心呵护下长大成人的。嫂子不但在生活上照顾得无微不至，而且教包拯如何为人，如何发奋，最后终于使包拯成为性情耿直、铁面无私的一代名臣。包拯死前为后代立下家规：后世子孙若有为官做宦者，如果贪赃枉法，不得放归本家来，即使死后也不得葬人本家墓地。

包拯的嫂子，可以作为家庭其他成员培养优良家风、成就家人事业的代表。

这些代表虽处于不同的时代，有着不同的经历，但都说明了一个道理：家和万事兴！

（三）同样需要牺牲的铸造

在我国北方地区过年习俗中有这样一种风俗：年夜饭的水饺大都为豆腐素馅。而且，年夜饭一家人要围坐在一起吃。习俗认为，豆腐象征着一家人一年之中都有福气，围坐在一起吃年夜饭预示着一家人团团圆圆又一年。

如此习俗，所在多有。

但是，人生的路程坎坎坷坷，家庭的日子也风风雨雨。严酷的现实和美好的祝愿往往相背离。民俗祝愿家庭和睦，而家庭却常常矛盾重重。

如此现象，同样所在多有。

因此，社会学家说："任何一个家庭都会有摩擦。"① 民间俗语说："一家不知一家，家家都有本难念的经。"

家庭，确是一个怪物。世上的人数也数不清，每个人都有一个家，每个有家的人都在为营造他生活的那个家的良好和谐气氛而努力，但这种良好和谐的家庭气氛终没有被彻底地营造出来。这其中，又有何种症结存在呢？

问题在于民俗和家庭两个方面。作为家庭来说，家庭的和谐仅是暂时的，是家庭某些矛盾得到缓解而表现出的家庭关系的暂时和谐。但是，当新的家庭矛盾出现或旧有家庭矛盾再度萌发后，家庭关系的和谐就会被打破。这就要求克服新的矛盾，达到新的和谐。家庭，虽是一个以血缘关系为基础而形成的社会生活组织形式，有着若干亲情所在，但家庭同样是矛盾的汇聚之地。这些矛盾纵横于不同家庭成员的结

① 〔科威特〕穆尼尔·纳素夫：《社会》第236页。

合部上，平常以隐性矛盾的特点存在，若有适当条件则迅速暴发，打破家庭已有的和谐气氛，导致摩擦的出现。

作为民俗来说，有关家庭和睦的民俗祝愿主题是永恒的，具有极大的稳定性和世代的传袭性。而且，这种美好的民俗祝愿或外露于人们的行为和言谈中，或内含于家庭的桩桩事物中，几乎无处不在，使整个家庭都沉浸在和谐协调的主旋律中。如拜年之际，人们见面互相祝愿阖家团圆，万事如意；平日之中，家人互致问候，均是语言和行为民俗的体现。而家中房屋布局的和谐，则是物质民俗的反映。北京的四合院天下闻名，一个重要的原因是这种民居内含着一种恬静安详、和谐优雅的韵律。这种四合院，不管大的小的，关上大门过日子，外面看不见里面，里面也不必看到外面，与人无憾，与世无争，确是理想的安乐窝。实际上，中国式房屋的基本格调都是四合院式的，有的地方比北京的四合院还科学些。南北各地的四合院式民房，"情调虽各有不同，但都能给人以思考，给人以舒畅的呼吸"①。从此可以看出，民俗将和谐的美好祝愿撒遍了家庭的角角落落，成为家庭成员充分沐浴的

---

① 邓云乡：《北京四合院》第 8 页，人民日报出版社 1990 年版。

阳光，同时也使家庭带有了无比安乐的神韵。

但是，家庭的安乐祥和、恬静优雅的氛围，往往被家庭所具有的矛盾和冲突所打破，导致民俗的美好祝愿的永恒性、稳定性与家庭矛盾的普遍性、对抗性之间经常处于一种不协调的背离之中。这样一来，呈现在人们面前的，似乎是民俗归民俗，矛盾归矛盾，祝愿家庭和睦相处的民俗对于经常出现的家庭矛盾冲突来说是无能为力的。

实际则不然。这是因为，民俗是一种具有软控性的不成文的规矩。民俗具有法律一般的约束力，但其法约性与法律有着明显的不同，是靠一种约定俗成的习惯力量潜移默化、循循诱导式地发挥作用，而不是像法律那样靠国家机器强制执行、硬性命令式地发挥作用。民俗的这种软控性在规范社会机器的正常运转方面，虽然与法令法规一起发挥着重要的作用，但发挥作用的模式只是在于教导人们应该如何做事为人，而没有宣布人们必须这样或那样去做事为人。

在家庭中，民俗发挥的作用更为重要。家庭在原始社会已经产生。在那个时期，"一切问题，都由当事人自己解决，在大多数情况下，历来的习俗就把一切调整好了"。① 在有阶级的社会中，法律虽然越来越多地渗透到家庭之中，但是，与其他社会关系相比，家庭关系仍然表现为更多地依赖已有习俗的调整。家庭作为社会生活的最基本组织形式，不仅是一个社会的经济单位、消费单位、教育单位、生育单位，而且是一个社会的执法性单位。俗话说，家有家规，国有国法。而这个家规即体现为家庭民俗的一个方面。虽然，家规的常例带有着体罚性质，同样表现为强制性执行的特点，但与国家法律强制执行的严厉程度比较起来，则有着更多的通融性和不彻底性。因此，家庭民俗的软控性特点，古往今来一直表现得更为广泛和突出。这样，必然导致了家庭关系的调整主要是由民俗来完成的。由此，我们又可知道，俗话所说"清官难断家务事"，并非是清官难于处理家务事，而是家务事在很大程度上本不属于官断的范围。

民俗所具有的软控性特征，以及家庭关系主要依赖于民俗标准来调整的状况，导致了家庭矛盾的难以平息和根除现象的存在，从而使一些问题成为古往今来的家庭难题而代代

---

① 恩格斯：《家庭、私有制和国家的起源》，《马克思恩格斯选集》第 4 卷第 92 页。

重复出现。例如婆媳关系的难以理顺、姑嫂关系的难以协调等等。在中国传统家庭伦理体系中，虽然明确地规定和强调了父子之间、兄弟之间、夫妻之间的关系，但对婆媳之间的关系却没有做出明确的规定，只是讲女子要"三从"，即在娘家从父母，出嫁后从夫，夫死后从子（长子）。如此较为模糊的规定，最大限度要求作儿媳的要像丈夫一样去孝敬和听命于父母。但是，由于来自不同的家庭环境和本人不同的性格与嗜好等原因，儿媳是很难于同丈夫一样服从于公婆的。因此，婆媳之间的矛盾便不时地爆发出来而成为一种主要的家庭矛盾。这表明，具有软控性特征的家庭民俗所重视的是教化作用，而不是强制作用。

重视教化作用的民俗，是家庭管理的一种软件。这种软件在某些时刻具有了强大的力量，能够规范和调整人们的思想和行为并使之趋向于一致性，从而确立起一个公认的衡量标准，导致了众多家庭问题易于解决。例如，在传统家庭伦理中，兄弟关系仅次于父子关系，长幼有序的教条同父为子纲的伦常一样明显和重要，从而导致了"长兄如父"和"兄弟如手足，妻子如衣服"等俗语的出现。"兄爱而友，弟敬而顺"（《左传·昭公二十六年》），是历代家庭民俗所提倡的一种伦理标准。如果兄弟反目，忘却了手足之情，则要受到社会舆论的一致谴责。何况，"兄弟阋于墙，外御其侮"，(《诗经·小雅·常棣》)即使兄弟之间出现了矛盾，在外部压力存在的情况下，手足亲情也会使兄弟捐弃前嫌，重归于好。对此，民间俗语谓之"大风刮不了多时，兄弟闹不了多时"。

兄弟和睦团结的这种关系，经常被传统社会推衍开来，加以利用而成为"结盟"的一种准则。当年，红军长征路过少数民族地区时，刘伯承即采取了"歃血同盟"、与黎族首领结拜为兄弟的民俗形式，使红军避免了民族纠纷带来的生存威胁，并及时摆脱了蒋军的追兵。这表明，民俗"确实是不可思议的东西，虽然它容易被当作完全无足轻重、没有价值的旧俗而忽视掉，但有的时候却又往往使人意想不到地为其潜在的巨大力量所震惊"①。

但是，民俗在家庭关系调整中所起的作用，大都通常被视而不见而忽略掉，因而人们才产生了一种错觉，认为家庭民俗对于家庭的和谐是可有可无的。世界上的事情大凡如此，越是天天在人们身边出现的东西越被人们所忽视。民俗同样

---

① 〔日〕大藤时彦：《日本民俗学的研究》，转引自陈勤建：《中国民俗》第 45 页，中国民间文艺出版社 1989 年版。

如此。民俗无时无刻不在为家庭关系的和谐而发挥着作用，但由于民俗所确立的原则和标准是潜在性的、司空见惯性的、社会早已公认性的等特征，人们在自觉、不自觉地履行这种原则和标准的同时，也浅化和淡薄了对于民俗存在及其作用等方面探讨的意识。这大概即是民俗所强调的规范被认为是古老祖代传下来的规矩，人们世代都在履行而没有人探讨为什么要履行这些规矩的根本原因。因此，当家庭和谐之际，人们对民俗在这方面的作用熟视无睹，当家庭矛盾出现时，人们只顾及家庭矛盾而忘掉了民俗规范的存在了。

家庭矛盾的产生，主要在于家庭成员个人私欲的存在和膨胀。父子不和，或基于父亲的霸道，或起于儿子的胡闹；兄弟反目，或生于分家析产不均，或源于你刚我强之争；婆媳不和，或自于婆婆的挑剔，或衅于儿媳的不恭。甚至，一些不起眼的小事，也能导致一场家庭纠纷的发生，影响了家庭和谐关系的维持和发展，有时竟能闹出大乱子来。著名古代诗歌《孔雀东风飞》详尽地描写了一个封建家庭悲剧的经过，有力地揭露了封建礼教的罪恶。诗中的主人公刘兰芝本与其丈夫爱情笃厚，但其婆婆却无中生有，极端挑剔，说她"无礼节"，"自专由"，嫌她织布太慢。不到三年，兰芝就被逼返回娘家。分别时焦仲卿和刘兰芝十分痛苦，希望日后能重新团聚，双双立誓互不相负。但是，回家才十多天，刘兰芝即在"性行暴如雷"的阿兄逼迫下应允太守家的婚事。完婚前一天，刘兰芝与焦仲卿私下约会，约定"黄泉下相见"。迎亲之夕，刘兰芝"举身赴清池"，焦仲卿"自挂东南枝"。一对恩爱夫妻，被刻薄的婆婆和"性行暴如雷"的阿兄拆散了，逼死了。如此血泪悲剧，控诉的是封建伦理带来的家庭关系的不和谐。同时，也鞭挞了焦母和阿兄个人淫威膨胀的罪恶。诗的最末一句"多谢后世人，戒之慎勿忘"，则道出了作者对世人的忠告和对家庭和谐关系建立的企盼。

为了实现家庭和谐，使每个成员都充分享受到家庭的温暖，家庭的每个成员同样需要互相尊重，互相友爱。"尊重是一道栅栏，既保护着父母，也保护着子女，使父母不用忧愁，使子女不用悔恨。"① 而爱则是一座坚不可摧的桥梁，能使夫妻关系、父子关系、母女亲系、兄弟关系、姐妹关系、婆媳关系、姑嫂关系、妯娌关系等家庭关系都趋于密切，能使家庭的每个成员都在友爱中生活、成长，从而使人们享受到人

_____

① 〔法〕巴尔扎克：《家庭复仇》，《巴尔扎克全集》第 2 卷第 675 页。

间最伟大的幸福和欢乐，天天沉浸在阳光灿烂的世界里。

不过，这种家庭的尊重和友爱绝不是仅凭着廉价的几句甜言蜜语和呆板的几项祝福礼仪即可换得的，而是要求每个家庭成员都要毫不吝啬地牺牲个人情欲，时刻准备着为家庭的和谐忍辱负重，付出牺牲的代价。

家庭和谐关系的铸造，如同社会文明风气的建立一样，同样需要家庭成员为之做出牺牲的根本原因，是因为家庭的每个成员都有不同的个人欲望。这些不同的个人欲望，有的表现在感情方面，有的则表现在不同物质利益、生活消费等方面，从而使家庭成员之间在志趣和意向乃至行为等方面发生矛盾和冲突，导致了家庭人际关系处于一种令人难受的别扭之中。这样，为维护家庭关系的和谐长驻，必然要求家庭成员尽量地牺牲个人利益，以理解、真诚、宽容、信任、体贴、勤劳和奋斗去换取传统家庭美德的光大发扬，去铸造家风的代代优良。(图2)

社会舆论自古至今，都对家中那些私欲横行的风气给予无情的鞭挞，而对为家庭做出牺牲的行为则给予崇高的评价。至今仍在民间颇受欢迎的地方戏曲《墙头记》，无情揭露和批判了不赡养老人、只爱钱财的两对儿子和儿媳，而对孤苦伶

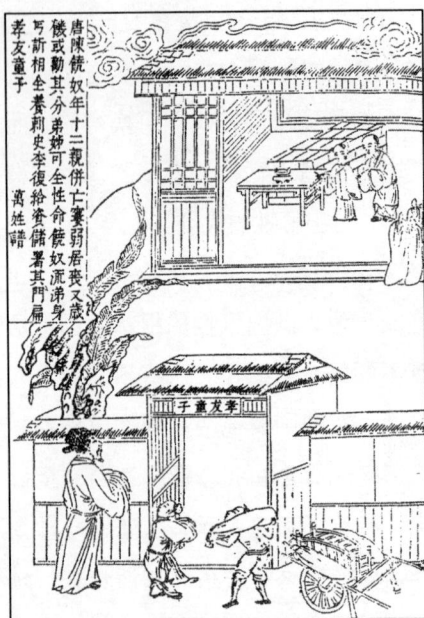

图 2　孝友童子

们的老人给予了无限的同情。相反，前几年著名全国的军嫂
韩素云，忍受着极大的病痛，拼命奋斗在穷苦的农村，与家
庭的贫穷作斗争，供养着奶奶、公婆和小姑、女儿，艰难地
支撑着那个多灾多难的家庭，支持着丈夫安心部队工作。对
此，社会给予了高度评价，被誉为"新时代的军嫂"而受到
全军和全国人民的尊敬。这表明，作为家庭中的一员，不仅

有分享家庭为其所带来的欢乐的权利，而且有铸造家庭和谐与兴旺的责任和义务。

学者们曾告诫说："夫妇之争是没有胜者的，只能是两败俱伤。"① 夫妻之间是这样，父子之间、兄弟之间、婆媳之间、姑嫂之间同样如此。家庭的烦恼，大多由一些难分是非曲直的家务事而带来。这些纷纭复杂的家务事，由于皆带有血缘关系的基调，即使分清了是非曲直也难于追究责任。这就是俗语所说的"一家人不说两家话""一家亲，一家亲，打断骨头连着筋"。因此，处理家庭矛盾、维持家庭和谐的最好办法，即是宽容和忍让，以个人私欲的牺牲去铸造家庭和谐关系的丰碑。

重视家庭人际关系的和谐相处，主张父慈、子孝、兄友、弟恭，这便是中华民族传统家庭美德的所在，也是中国传统家庭民俗的精髓所在。

---

① 〔日〕石川达三：《暮色昏沉》，《爱情的终结》第 166 页。

二　社会的开端：婚姻

　　家庭是社会的细胞，而家庭组成的基础又在于婚姻。婚姻是男女两性结合的一种社会形式，其结果形成了当时社会制度所确认的夫妻关系。家庭是存在于夫妻及其子女后代等人之间的一种社会生活的共同体，既体现着以男女两性为特征的社会关系，又体现着以血缘为特征的社会关系。

　　而家庭民俗则是家庭的不成文法规。家庭民俗功能的重要作用之一，在于保持家庭人际关系的和谐，其中很大一部分内容在于维系夫妻之间关系的融洽。

　　因此，谈家庭民俗，不得不涉及婚姻民俗。这，既是家庭民俗的基础和核心，又是社会民俗的基础和重要组成部分。婚姻组建了家庭，也开启了社会文明的大门。

（一）家庭历史之歌

婚姻是产生家庭的前提。家庭是缔结婚姻的结果。家庭与婚姻，两者密不可分。

婚姻不是永恒不变的，它有着一部雄壮而动听的历史奏鸣曲。同样，与之相连的家庭也不是永恒不变的，也有着一部深厚而悲壮的历史合唱歌。家庭与婚姻，都是一种历史范畴。

经典作家曾提出过一个著名的论断：根据男女两性关系可以判断出人的整个文明程度。[①] 虽然，作为判断人类文明重要尺度的两性关系，有着漫长而曲折的发展历程，但一般说来，人类两性关系的发展曾经历过四种主要婚姻形式，并相应出现过四种家庭形态。这四种婚姻形式并与之相对应的家庭形态是：兄妹血缘婚为基础的血缘家庭、氏族外婚为基础的母系家庭、对偶婚为基础的对偶家庭和一夫一妻制为基础的一夫一妻制家庭。恩格斯以人类的不同婚姻形态为出发点，深刻地阐述了家庭、私有制和国家的起源，论证了人类社会

---

① 马克思：《1844年经济学哲学手稿》，《马克思恩格斯全集》第42卷第119页。

发展的历史规律。

历史已经证明，家庭这种社会现象并不是一开始就存在的，也不是永恒不变的。家庭是人类社会发展到一定阶段的产物，并受物质资料生产方式的决定而不断发展变化的。这表明，婚姻家庭关系绝不是一种自然关系，而是具有一定自然条件的、特定的、复杂的社会关系，是一种历史的、社会的范畴。

虽然，时间的尘埃已把历史上的家庭和婚姻形态埋了个严严实实，但是，民俗的功能却能把已消逝的历史予以重新恢复，还历史一个生动而鲜活的面容。这是因为，民俗本身具有极强的稳定性和传承性。这些特性使民俗具有了强大的穿透能力，能穿过厚厚的历史尘埃而流传到了现在，使数百年前乃至数千年前我们祖先做过的事情至今仍有人在做的同时，也使历史被具体化、生动化了，使历史和现实之间的距离瞬间被缩短为零。因此，学者们才说：史学家生活在已逝的过去，民俗学家生活在活的历史之中。这样，就为我们通过民俗这个媒介去揭示婚姻和家庭形态的演变创造了坚实的基础。

比较注重文化遗传的民俗，总是在寻找历史与今天的共同之处。现代婚姻家庭所要求达到的最高境界是男女平等，这种特征在原始家庭中即已经存在着某些因素了。血缘家庭是人类社会最早出现的家庭。在这种家庭中，婚姻集团是按照辈分来划分的，仅仅排斥了祖先和子孙之间、双亲和子女之间互为夫妻的权利和义务。也就是说，在人类家庭的第一阶段，"姊妹曾经是妻子。而这是合乎道德的"。[①] 在中国古代传说中，有着众多同胞兄妹为婚的神话。同胞兄妹伏羲与女娲结为夫妻用以说明中华民族起源就是一个例证。类似湖南武冈、邵阳一带汉族所流传的东山老人与南山小妹在洪水时代结为夫妻的同胞兄妹婚传说，[②] 在各个民族中都普遍流行。在有的少数民族中，甚至存有孪生兄妹是最佳夫妻的习俗，认为这是上苍早已安排好了的婚姻。如此传说和习俗，除说明在人类的童年时代曾经历过血缘婚以外，还说明婚姻的和谐和其生育功能是人类早已追求过的历史课题。

进入母系制时代，氏族外婚成为一种通行的婚姻缔结形式。在这种婚姻制度下，同氏族的男子为另一个母系氏族女

---

① 马克思语，转引自恩格斯：《家庭、私有制和国家的起源》，《马克思恩格斯选集》第 4 卷第 32 页注①。

② 吕振羽：《史前期中国社会研究》第 52 页。

子的共同丈夫，反之依然。如此婚姻制度所组成的母系家庭，世系以女子为计，财产由女子继承，家庭中的各种事务由女子管理。在这样的母系家庭中，各种风俗集中到一点，所体现的是女性地位的崇高和女性管理之下家庭关系的和谐。

对于这样的家庭，人们曾做过广泛的研究和探讨。解放初年，我国云南永宁纳西族仍然保留着这样的家庭形态，从而被学者们称为是"母系社会的活化石"。这种家庭之所以长期得以存在，一个重要原因是永宁纳西族的母系家庭具有一定的生命力：劳动力充足，可以适应比较繁多的生产活动；内部团结，人们能齐心协力，各尽所能；妇女善于管理家务；劳动收入比较高。母系家庭"虽然比较大，人口多，但是所有成员都出于一个根根，彼此不是兄弟姊妹，就是母亲与子女、舅舅与甥男甥女。在这种人与人的关系中，有两大特点：一是男女平等，互相尊重；二是团结一心，各尽所能。即使发生矛盾，也能相互忍让、迁就"。[①] 这种团结精神是母系家庭长期存在的精神支柱。

当然，现在纯粹意义上的原始母系家庭已经难以见到了，

---

① 严汝娴、宋兆麟：《永宁纳西族的母系制》第 430 页，云南人民出版社 1983 年版。

但是，母系家庭的一些遗留风俗仍然存在。例如，兄终弟及婚与姐妹共夫婚，无论在历史文献记载中，还是在现实生活中都有一定的存在。虽然，现实生活中的兄终弟及婚与姐妹共夫婚大多出于家庭生活或子女抚养等问题的考虑，一般表现为哥哥去世、弟弟与嫂子结婚，或姐姐早逝、妹妹与姐夫结婚，以确保不幸家庭渡过难关，但这却是远古氏族外婚制的一种遗风。而且，《诗》《书》《左传》《礼记》一类文献上记载的昭穆制度，据考证也是华夏族的族外婚制的残余。所谓"左昭""右穆"，简而言之即是甲乙两家互为通婚的氏族，若高祖是甲氏族的人，其子曾祖必为乙氏族的人，曾祖之子又必定为甲氏族的人，……以此类推，便产生了高祖、祖、子为"左昭'（甲氏族）的人，而曾祖、父、孙则是"右穆"（乙氏族）的人。这便是左昭右穆的真谛。时至今日，我国农民家中的神主牌位上还有这种制度的遗迹：在"天地君亲师之神位"的两旁写上"左昭""右穆"四字。这种公开把自己祖先昔日氏族外婚制的行为写在神主牌位上供奉的不自觉行动，反映的便是对一种古老风俗的模糊记忆。

对偶婚则是母系制时代向父系制时代过渡时期的一种婚姻形式。摩尔根曾认为："区别对偶婚与专偶制的主要特点在于前者缺乏独占的同居。"① 根据对我国云南永宁纳西族的调查材料，可以看到对偶婚制下的婚姻和家庭状况。云南永宁纳西族在民主改革前的婚姻形态主要有三种，即阿肖走访婚、阿肖同居婚和男娶女嫁婚。阿肖走访婚属于氏族外婚制范畴，而男娶女嫁婚属一夫一妻制性质，阿肖同居婚则应属于对偶婚之列了。在这种婚姻形态下，阿肖同居有夫方居住和妻方居住两种形式，同居出于双方自愿，男女地位平等，阿肖同居关系一经建立，双方即结束了配偶随母亲生活的局面，出现了父母子女共同生活的新现象。尽管阿肖同居的夫妻双方劳动、生活在一起，有了共同的经济生活，但大部分对偶家庭还不是一个独立的经济单位，而是依附于一方的亲族，缺乏独立的经济基础。而且，阿肖同居前没有贞操观念，同居后也没有相互独占，男女在性的权利上仍然平等。阿肖同居的双方可以任意离异，离异时子女与过去一样只属于母亲。很显然，这仍然属于对偶婚的早期形态。② 不过，对偶婚的出现，使夫妻从此有了共同的利害关系，有利于促进个体经济

① 摩尔根：《古代社会》下册第 461 页，中华书局 1977 年版。

② 严汝娴、宋兆麟：《永宁纳西族的母系制》第 261—265 页，云南人民出版社 1983 年版。

的发展，并为最终摆脱母系家庭的束缚而向父权制家庭过渡打下了坚实的基础。

母系父系家庭是对偶婚的高级形态，是母系向父系过渡的重要一环。这种既有母系又有父系并存的双系家庭，在我国的纳西族、拉祜族、佤族、独龙族、高山族、普米族中都曾存在过。纳西族的双系家庭的类型有三种：一是由于男子过继子女而出现的双系家庭；二是原为母系家庭，男子因无女继承人而娶妻；三是兄娶妹不嫁而构成的双系家庭。这样的双系家庭所具有的基本特征是：世系按母系和父系分开计算；每个家庭是一个独立的经济单位；两系成员均享有平等的继承权；男女均可担任家长；共尊一个始祖；共有一个家名；有共同的墓地；存在着同一个家庭内部的姑舅表婚配现象；具有对偶家庭的主要特点。[①]

可见，对偶婚形态下所建立的对偶家庭，也具有家庭和谐的氛围。

但是，对偶婚的进步发展，则给家庭和谐的气氛带来了不可驱散的阴影。取代对偶婚的婚姻制度是一夫一妻制。一

———————

① 王承权、詹承绪：《神秘的女性王国》第 43—49 页，北方妇女儿童出版社 1989 年版。

夫一妻制的出现，"不是作为男女之间的和好而出现的，更不是作为这种和好的最高形式而出现的。恰恰相反，它是作为女性被男性奴役，作为整个史前时代所未有的两性冲突的宣告而出现的"。①

对偶婚是一夫一妻制的前奏曲。在对偶婚时代，男女从同居到拥有他们自己的独立的家庭经济，基本上是遵照平等的自愿的原则来缔结两者之间的关系的。在这个时期，对偶家庭的习俗是：如果女子厌倦了与她同居的男子，那么，这个男子必定要随时听候命令，收拾行李，准备滚蛋；反之，如果男子厌倦了与他同居的女子，那么，这个女子也不可能有着更多的选择。这种同居关系被解除的随意性，既反映了原始爱情建立的纯真性，也预示着父权制与母权制斗争的某种残酷性。因此，类似瑶族曾经存在过的采用"破竹片""劈木契""剪新布""破圆糍粑""兑换喝酒""请头人吃饭"等简单的离婚手续，② 很可能即是对偶婚时代所遗留下来的一些

---

① 恩格斯：《家庭、私有制和国家的起源》，《马克思恩格斯选集》第4卷第61页。

② 韩肇明：《瑶族原始社会婚姻遗俗研究》，《贵州社会科学》1982年第1期。

风俗。

但是，一夫一妻制的建立则不然了。伴随着一夫一妻制的确立，男子最后取得了决定性的胜利并最终推翻了女子在家庭乃至社会上的地位。一夫一妻制的起源，"绝不是个人性爱的结果，它同个人性爱绝对没有任何共同之处……一夫一妻制是不以自然条件为基础，而以经济条件为基础，即以私有制对原始的自然长成的公有制的胜利为基础的第一个家庭形式"。①

一夫一妻制所体现的道德进步，在于从中发展起现代的个人性爱。一夫一妻制的最后胜利，乃是文明时代开始的标志之一。

不过，现代的个人性爱在一夫一妻制家庭关系中的形成和发展，却不是一帆风顺的。一夫一妻制家庭和对偶婚的根本不同之处，即在于婚姻关系变得突然坚固了起来，这种关系已不可能允许男女双方任意解除了。从此，男女进入了一个痛苦的岁月，家庭关系也进入了一个梦想和谐而无法和谐的时代。而且，这个时代是那样的漫长而又多灾多难。

---

① 恩格斯：《家庭、私有制和国家的起源》，《马克思恩格斯选集》第4卷第60页。

（二）两性分殊的主旋律

中国的古代文明有着自己特殊的发展规律，中华民族有着自己突出的个性特色。与此相联系，中国的家庭更是与众不同，以致被西方人视为怪物。

其实，中国的家庭并不怪。只是西洋人仅仅看到中国家庭的特殊之处，而没有从特殊升华为普遍而已。

中国的婚姻家庭，同样是两性结合的社会形式，而这种结合也同样是以两性间的生理学自然区别为前提的。这种两性结合本来是自然平衡在人类生活上的天合之作。只是，这种自然平衡一旦进入人类社会关系的网络之中，经由人类理性的磋磨与升华，两性间的自然分野即扩张为一种普遍的社会分殊，由此而导演出了两部东西方绝不相同但又相同的婚姻家庭奏鸣曲。

男人和女人，是大自然的奇妙创造。男性与女性之间，在体型上即存有天然的差异，又奇妙地形成了天然的互补，并且有一种巨大的天然吸引力推动着这种互补。男性身材魁梧，勇俊刚毅；女性身体娇小，丰满温柔。"男子气概"和"女子气质"，成为男女两性相互吸引、依恋和追慕的重要因素。这种人类两性体型特征的差异及其互补效应，本来即已向人类揭示：两性之间各有其长，也各有其短，只有平等相待，互相尊重，互相关怀，携手并进，才能最大限度地获得相亲相爱、取长补短的效果。

虽然，男女两性的根本差异，在于第一性特征。但是，大自然的奇妙创造之处更在于：男女性功能虽有先天差异，但这与生俱来的生物学本能却在后天结合得那样和谐，男女两性的数量，对于一个家庭、家族等小范围来说是无序的，但对于整个社会来说，则是在总体上总能保持一半对一半的平衡状态；男女两性的体力、智力、生命力、免疫力、适应能力、精神力量等，虽各有优点，也各有弱点，但男性的强点恰恰是女性的弱点，女性的强点恰恰是男性的弱点。如此等等，实在是令人难解之谜。

这些难解之谜，既是大自然的奇妙创造，也是人类本来即应男女平等、琴瑟和鸣的自然真谛。

人类区别于其他动物的是，人一旦来到这个世界上，就必须在一定的社会中才能生存下去。在社会生活中，男女之间除了保留着先天具有的性差异生理特征外，还会在整个社会的政治、经济、文化和日常生活等各方面都表现出两性不同角色的差异。这种差异是一种普遍的社会分殊，既与自然差异有一定的联系，又是自然差异在社会生活中的扩张和升华，是人类理性对自我的限制和约束，从而形成了一整套人类自我控制理论。

男女的生理性自然差异，造成了他们在两性关系中的角色差别，以及女性所承担的生育后代的任务。这种最早出现的自然性分工，最早也最直观地反映到人类的头脑中，使人们在很长一段时间内对种族的繁衍知识几乎是一片空白。在那个时代，人们所具有的全部生育理论只能是：女子是人类的母亲，种族的繁衍是不需要男子合作的；男女两性的结合被看成是"好玩好耍"的事。因此，性爱自由、两性分合随意，便被作为母系制时代男女关系的通则而得到了充分的体现。这种生育理论给人类带来的哲理性思辨便是：母亲生育了子女，又含辛茹苦地将他们养大成人；而作为子女父亲的男子则不承担任何抚养义务，只有那些与母亲生活在一起的舅舅才能帮母亲一把。如此血缘关系和经济关系的双重作用，不仅奠定了女性享有崇高社会地位的基础，而且也带动了舅权的隆起。这种现象，不仅成为母系制时代全部社会伦理的核心，而且为后世女性成为生育之神奠定了基础。

　　但是，伴随着一夫一妻制的确立，男女媾合与子女生育之间的因果关系被人类洞悉之后，有关两性关系的理论从此发生了天翻地覆般的变化。男女两性的结合能导致子女的出世，这个今天看来似乎普通得再也不能普通的浅显道理，对于远古人类来说则是一个里程碑式的高深学问。在男子跻身于人类自身的生育领域，起码取得一半生育功绩之后，本来即在生产领域内发挥重要作用的男子便不安分守己了。于是，他们从母系制时代即已形成的"天地之大德曰生"（《易·系辞》）这个最高生育哲学出发，加以修正和改造，将男女、子女、阴阳、天地、万物等概念都纳于了自己的理论体系中，建立起父系制的整套理论。可以肯定地说，自大汶口文化中晚期墓葬中所反映的男女两性差别出现那时起，在中国人的观念中，即已滋生了"天地氤氲，万物化醇。男女构精，万物化生"（《易·系辞下》），"天下亲阳而疏阴""阳倡阴和，男行女随"（班固：《白虎通·嫁娶》）之类的认识了。这种观念和认识，是置母系于死地，确保父系制崛起的最根本的理论和依据。

　　从此，一切哲理围绕着男性而延伸、升华，一切民风民俗也开始围绕着男尊女卑来构筑、来延伸。人类含着微笑告别了"面对自然无能为力"的童年时代，被迫放弃了女性被用金色光环装饰起来的岁月，把共同劳动所获的多余财物变为个人占有的同时，也开始了人的相互占有，从而揭开了人类自我摧残、相互践踏的悲剧序幕。而这悲剧的第一幕，便是男性奴役女性，是男性人格的高贵和女性人格的低下。这样，男女之间的自然差别，经过人类理性的装扮之后，便发展为一种压迫与被压迫的关系。从此，家庭中的和谐关系掺入了一种被干扰被破坏的不安定因素。

历史上所遗留下来的原始"男女授受不亲"风俗，也可以看到"男女有别"的起源。在《淮南子·齐俗训》中有这样的记载："帝颛顼之法，妇人不避男子于路上者，拂之于四达之衢。"这就是说，上古时代曾有法度规定：妇女在路上碰到男人，必须予以回避，否则，就会遭到驱赶。如此男女被人为强行分成两大互不接触的集团的结果，自然导致在某些特殊时刻两性毫无顾忌的亲昵。直至春秋时代，我国华夏族社会中仍然残存着的"仲春通淫"习俗便是这种现象的一种反映。《周礼》即说："仲春三月，令会男女。于是时也，奔者不禁。若无故而用令者罚之。司男女之无夫家者会之。"并明文规定：女子欲求贞节，还会遭到"掌万民之判"的地官的处罚。《诗经》中的《鄘风》《郑风》及《墨子·明鬼篇》等皆有关于男女殷盈，相谑而乐的记载，指的也是华夏族这种"仲春通淫"的风俗。如此风俗的存在，既是对一夫一妻制兴起后"男女有别"的一种反叛，也是对远古时代男女性爱自由、两性分合随意风俗的一种留恋。

值得深思的是，男尊女卑的两性关系，在世界的东方和西方都曾严重地存在过。古希腊哲人几乎异口同声地鄙夷和蔑视过伟大的女性。柏拉图曾宣称，男女的价值不能相等，因为男性在"各方面都超过妇女"。因此，男性不仅要使女性处处居于从属地位，而最好不过的方法则是把"各方面都有欠缺的女性生物"当作使男性获得人世幸福的工具。亚理斯多德则强调，女性的思维能力浅薄得如同儿童一样，因而不但不能从事任何社会活动，即使在家中也要恭顺地接受像"国君一样"的丈夫的统治。古罗马妇女虽然享有在公共场合露面的权利，并且还享有"女士优先"的待遇，但古罗马人同样宣布：妇女最崇高的美德就是对丈夫俯首贴耳，恭敬顺从，否则，丈夫即有对妻子生杀予夺的权力。如此现象，在东方各国同样存在过。

中国古代的统治者和哲人，虽没有像西方神学权威那样去为妇女有没有灵魂等问题而大动脑筋，但中国人所构筑的男尊女卑理论体系却更加庞大而宏伟。

中国古人的宇宙观的形成，是以生育观为出发点的。对此，我国古代典籍中有着明确的记载：

"天地之大德曰生。"（《易·系辞下》）

"生生之谓易。"（《易·系辞下》）

"天地氤氲，万物化醇。男女构精，万物化生。"（《易·系辞下》）

"天地合而后万物兴焉。"（《礼记·郊特性》）

"天地不合，万物不生。"（《礼记·哀公问》）

"天地不交，而万物不兴。"（《易·归妹》）

可见，在古人的思维中，"生"是天地的最根本功能；生生不已是宇宙的普遍规律；世界万物的存在是天地交合的结果；世界万物的产生，正如男女结合产生后代一样。很显然，古人在此运用了比附类推的功夫，由人类的生殖现象比附类推到天地万物的发生规律，从而得出了"君子之道，造端乎夫妇，及其至也，察乎天地"（《中庸》）的结论。因此，就方法论而言，中国古代的宇宙发生论是一种拟人化的宇宙发生论。

而且，古代的中国人并没有到此而止步，而是循此渐进，不断深入，把这种结论上升到一种具有浓厚思辨色彩的哲学理论，得出了一种中国古代人进行理性思维活动时通用的基本范畴：阴阳。《易·系辞下》说："乾坤，其易之门耶。乾，阳物也；坤，阴物也。阴阳合得，而刚柔有体，以体天地之撰，以通神明之德。"因此，《易·说卦》说："乾，天也，故称乎父。坤，地也，故称乎母。"在此，古人仍然在运用着比附类推的方法，由人与万物的生育机制比附类推为男女阳物与阴物的合得，并从中抽象出阴阳这个基本概念。至此，中国古代一整套解释自然界和人类发生过程的宇宙观便形成了。这种宇宙观的基本概念便是阴阳，基本原理便是阴阳交合之道。

这就是中国古代哲学家全部哲学理论的精髓。

但是，中国古代的社会学家和伦理学家并没有对此满足。他们运用中国古代哲学家的逻辑结果去论证其逻辑的出发点，即用阴阳关系去论证男女关系，从而得出了一种新的结论：

"君臣父子夫妇之义，皆与阴阳之道。君为阳，臣为阴；父为阳，子为阴；夫为阳，妻为阴。"（《春秋繁露·基义》）

"阴者阳之合，妻者夫之合，子者父之合，臣者君之

合。"（《春秋繁露·基义》）

"阳之出也，常县于前而任事。阴之出也，常县于后而独守空处。此见天之亲阳而疏阴。"（《春秋繁露·基义》）

"阴卑不得自专，就阳而成之。故《传》曰：阳倡阴和，男行女随。"（《白虎通·嫁娶》）

很显然，中国古代的伦理学家以阳与阴的上下、尊卑、主从关系为出发点，以"夫为阳，妻为阴"为理论中介，最终得出了"妻者夫之合""男行女随"的男尊女卑结论，将男女有别、男女的不平等论证为一种天经地义的"自然之理"。这样，中国古代的伦理学即完成了类似于黑格尔圆圈式的逻辑循环论证：从男女关系比附类推于天地万物关系，从中抽象出阴阳概念，然后反过头来以阴阳理论去论证男女关系，最终得出男尊女卑的结论。

这就是中国传统伦理学的基本理论框架，是汉儒们玩弄理性诡辩进行人类自我蒙骗的杰作。

在这种理论的统治下，一切封建时代所盛行的家庭民俗虽无不强调和谐与兴旺，但是，那种家庭的和谐与兴旺却是男女有别、男主女从基础上的和谐与兴旺。在这种理论下，整个封建时代，男子不仅成为社会的主宰者，而且成为家庭的主宰者，而女子只能是男子的从属者。这种状况正如夏娃原本就是亚当的一根肋骨一样。

对此，封建礼教作了一系列男尊女卑的有关规定，从而形成了一系列所谓的社会通则和千秋古训。中国第一部关于女性行为的教科书《女诫》即认为："生男如狼，犹恐甚尪（音 wāng）。生女如鼠，犹恐其虎。"对男尊女卑给予了最形象的比喻。而《义礼》则把男尊女卑关系概括为"三从"，即女子"在家从父，既嫁从夫，夫死从子"；三从在行为上的具体体现则是"德、言、容、工"所谓的"四德"。《礼纬·含文嘉》又把丈夫对妻子的绝对统治称为"夫为妻纲"，并认为这是根本人伦"三纲"的出发点和基础。《礼记》则更进一步以"礼"的形式对男尊女卑制定了详尽的规范，使男女的一生都被纳入了"礼"的范畴。

而这一切的核心则是对女性的压抑和肆虐。封建礼教强调男女有别，绝不是承认男女生理上的自然差别，也不是仅仅为了将男女两性给予隔离，而是为了剥夺女性在社会上、家庭中各个方面的自由权利，从人格、地位和角色上制造男女间的上下尊卑差别，使男子高高在上，使女子在地狱中哭泣。

这样，中国古代的女子从出生那天起就享受着不平等的待遇：女性的活动自由受到了限制；女性的受教育权被剥夺了；女性参入社会管理的政治权利被剥夺了；甚至，连生存的权利也发生了危机。

这就是那个时代家庭民俗乃至一切社会规范的出发点。男尊女卑，不仅是对女性的奴役和凌辱，也是对整个人类的摧残和折磨。

（三）无情组合的悲剧

男女两性差别是婚姻的自然性前提。而婚姻则是男女两性结合为夫妻的一种社会现象。而且，男女两性差别的存在是夫妻关系的自然性前提。夫妻关系是一种特殊的男女关系；夫妻关系通过生育而形成了父母子女关系，从而构成了错综繁杂的家庭关系的主体。因此，婚姻的质量如何，决定和制约着家庭关系的和谐与否。

在中国传统社会中，婚姻是以物质关系、政治关系为媒介，将家长的意愿强加于子女的一种伦理关系。这，实际上是两性的无情组合。

在传统社会中，风俗和现实往往具有极大的距离和偏差。这一特点在婚姻缔结上表现得极为明显。鲁迅在《热风·随感录四十》中揭露包办婚姻说，两个婚姻当事人，像被拴在一起的两匹牲口，"做一世牺牲"，虽然有夫妻的名分，却不知道什么叫爱情。但是，传统风俗在每对被拴在一起的两匹牲口举行结婚仪式时，总是祝愿婚姻当事人恩恩爱爱，白头偕老。而且，类似卓文君与司马相如的真正恩恩爱爱，男女倾心的一对，社会风俗则给予无穷的蔑视、诋毁和不齿，连其亲生父亲甚至都认为辱没门第，有伤风化而"不忍杀"。这，实在是人类的一大迷津。

婚姻祝愿之所以与婚姻现实发生如此重大的偏离，一个重要的原因在于婚姻契约当事人与婚姻当事人相分离。"当事人反而做了不能过问的傀儡。而且从前做过傀儡的人如今来使别人做傀儡了。"① 这便是中国传统婚姻的第一个特征。

封建婚姻关系缔结的方式是"父母之命，媒妁之言"。这既是中国社会自古以来的风俗习惯，又是中国封建礼教和法律对婚姻的根本规定之一。中国最早的诗集《诗经》即记载

① 《巴金全集》第 1 卷第 321 页。

了这种风俗："娶妻如之何，必告父母。……娶妻如之何，匪媒不得"；（《诗·齐风·南山》）"岂敢爱之，畏我父母。仲可怀也，父母之言，亦可畏也。""岂敢爱之，畏我诸兄。仲可怀也，诸兄之言，亦可畏也。""岂敢爱之，畏人之多言。仲可怀也，人之多言，亦可畏也。"（《诗·郑风·将仲子》）直至明代，法律仍然规定："嫁娶皆由祖父母父母主婚，祖父母父母俱无者，从亲主婚。其夫亡携女适人者，其女从母主婚。"（《大明律·户律·婚姻》）这种包办婚姻，在中国一直延续了数千年，甚至当西方已经以自由恋爱作为人的本性的时候，中国人还在把其当作不可越雷池一步的圣人礼法。

中国的包办婚姻，比着西方乃至东方一些国家包办得更为彻底。过去曾盛行过的"指腹婚""童养媳"等婚姻缔结形式，便是包办婚姻达到极限的一种反映。所谓"指腹婚"，即男女两者还在各自娘肚之中时就已经由其父母包办而确定了婚姻关系。所谓"童养媳"，即在儿子很小的时候，父母就为其找好了"妻子"并接进家门，待儿子稍大之后再举行结婚仪式，俗语称此为"圆房"。这种婚姻一般是女子比男子岁数要大，有的甚至要大十几岁。因此，"小丈夫"所娶的实际上是保姆，而童养媳除作为丈夫的保姆而外，还是男家的奴婢。

这些类型的婚姻，更充分地体现了中国传统婚姻的先验性和强权性，带给婚姻当事人的只能是无穷的悲伤和烦恼，是一座人生旅途中无法挣脱的牢笼。

包办婚姻所造成的联姻方式的强制性，必然造成联姻标准的外在性，即包办婚所依据的并非是婚姻当事人的个人意愿，而是联姻双方的门户、家世及才貌等外在标准。这既是中国传统婚姻的又一个特征，也是造成婚姻不幸的又一个重要原因。

在封建时代，我国风俗所称道的最理想婚姻标准便是"门当户对，郎才女貌"。这是父母权衡、安排和确定儿女婚姻大事的依据和砝码。在这种标准之下，我国传统的婚姻通行着人质双方的交换与人质同财产的交换两种主要形式，被交换者当然是女性。

传统婚姻习俗所反映的"门当户对，郎才女貌"式的婚姻交换功能是异常明显的。所谓最理想的门当户对式的"亲上加亲"婚姻，便是在政治、经济标准的基础上，又增加了一层温情脉脉的伦理亲属关系面纱的女子与女子的交换。尽管在封建社会的历代法典中，曾明文禁止过同姓近亲婚，有的法典还把表亲也归于同姓之下，但是，社会风俗却盛行着表亲婚。这就是所谓的姑舅表婚，即女子出嫁到另一个家族，所生的女儿长大后要嫁回母亲的血缘家族中。甚至，有些地区的风俗规定，舅舅的儿子有着娶姑姑女儿的优先权，只有舅家无合适的儿子时，姑家的女儿才能别嫁。这就是俗语所说的"肥水不流外人田"。《红楼梦》中，四大家族的姻亲代代相传，《家》中也有表兄妹之间的爱情，这些都是姑舅表婚盛行的一种反映。而很多地区将公婆称为"姑舅"，未婚夫妻对外往往自称表兄表妹等现象，则是姑舅表婚习俗内化于人们文化心理的结果。

姑舅表婚实行的是人质与人质的"等价"交换，而买卖婚、服役婚、转房婚以及同阶层的婚姻等，则实行着人质与财产、劳役、政治等的"等价"交换。在民间俗语中，女儿被称为"赔钱货"，意思是养大了迟早是人家的人。那么换言之，如果为了不赔钱，当然即要有相当的身价。于是，便产生了将女儿当牲畜一样地卖，以及为娶儿媳也像牲畜一样地买的各种婚姻习俗。

郎才女貌的实质，也是一种门当户对，反映的是男女不平等的社会关系。这种在古典文学作品中被反复称颂的良缘佳配，反映的是只有有才华的男子才是社会的主宰者，而女子作为男子的附庸，则只需具有姿色以装潢门面就可以了。这表明，郎才女貌并不仅仅是一种纯粹的心理要求和审美标准，而是一种社会价值趋向，是包容了男女不平等思想内容的社会潜意识。

如此具有"等价"交换色彩的"门当户对、郎才女貌"式婚姻缔结标准，一个显著的特点仍然在于不以男女两性之间的爱情为依据，而是以各个家族的政治需要、经济利害、礼教纲纪为准绳。因此，在那个爱情被窒息的时代里，所谓的"有情人终成眷属"，只不过是文人墨客的一种遐想而已。

重视门当户对的包办婚姻，是一种无视爱情、注重伦理的功利主义婚姻观的产物。这种婚姻观得以建立的基础是极端的传宗接代主义。不可否认，人类的得以延续，婚姻的繁衍功能在其中具有十分重要的、不可缺少的作用。但是，仅仅将传宗接代作为婚姻的唯一目的，这是人类婚姻观的一个重要误区。

家庭是社会的细胞。婚姻家庭的职能除人口生育之外，还有组织家庭成员共同生活、从事物质生产、教育家庭成员等职能。在这些众多职能之中，越在久远的古代，人们越看重生育人口的职能。这是因为，在遥远的古代，生产力水平极为低下，子女众多不仅意味着家丁兴旺，而且意味着劳动力的富足和家庭经济的繁荣。因此，添丁进口自然被视为家庭最重要的事情而受到格外的重视。对此，《礼记·昏义》说："昏礼者，将合二姓之好，上以事宗庙，而下以继后世也，故君子重之。"

把婚姻的功能仅仅理解为人口生育，用生育人口来否定性爱，这是传统婚姻观念的又一个重要特征。在我国，祈子风俗特别浓厚，各种各样，无奇不有。这些祈子风俗的主要特征，是以某些象征物作为祈子心愿的载体，以寄托人们对于多子多孙的祝福。《诗经》中曾多次把配偶和情人比作鱼，广西壮族歌圩中也有"蚂拐"（青蛙）崇拜，汉族则喜欢以葫芦、莲花、石榴等作为祈子的象征物。陕北古朴的民间剪纸多有"葫芦生人"、"蛤蟆生蛙"的图形。流行十分古老而普遍的形式之一，是"鱼戏莲"的歌谣和美术图案。现代陕北农村中常见的《鱼钻莲》，无论在日常生活用品中，还是在玩具及各种装饰图案上，都能发现其痕迹，（图3）图案的基本形式是一条摇头摆尾的小鱼钻进莲花瓣中，花蕊部分托出一个婴儿。对此，一位剪纸能手解释说："这好比鱼是男的，莲是女的，先是逗哩，逗哩，后来就钻到一搭哩了。"① 可见，如此图案是远古居民两性结合，生儿育女多种习俗行为和观念的综合反映。此外，还有枣、花生、栗子等，都被用来作为婚礼中祈子的直接祝福。这些都无不表明，中国人所具有的那种"不孝有三，无后为大"（《孟子·离娄上》）极端强调生育后代婚姻观的突出和顽固。

图 3　陇东剪纸　莲里坐娃

对于生育后代的强调，有时甚至会高出于婚姻关系之上，于是产生了一些令人不可思议的风俗和行为。如果妻子不能

---

① 陈勤建：《中国民俗》，第 90 页，中国民间文艺出版社，1989 年版。

生育，有的风俗则允许花钱租用已婚有生育能力的女子作为临时妻子为自己生育后代，这种风俗被称为"典妻"。反之，如果男子没有生育能力则可招来别人代替，这种风俗被称为"借种"。临撞县行者乡有座娘娘庙，每年三月三在这里举行"单子会"，附近不育妇女都于当天怀揣布娃娃前去赴会。这一天，她们可以在外留宿一夜，甚至与别人野合也不受舆论的谴责。有的媳妇羞于这种事情，不好意思前去赴会，做婆婆的还主动催促儿媳到外面去"风流"一天。① 如此对生育后代高出于婚姻关系的重视，致使妻子不能生育可被列入"七出"的原因之一；即使不被遗弃，丈夫也可有权纳妾，从而导致家庭更加不和谐局面的出现。

中国传统婚姻的第四个重要特征，在于男女双方的结合虽然被视为家庭和社会的开端而给予高度的注意，但是结合的双方在家庭之中仅有父母的身份而没有夫妇的地位。因此，中国传统家庭和谐关系的维系，往往是以夫妇关系的被压抑、被疏远为代价的。

中国传统婚姻所造成的夫妇关系被压抑、被疏远的主要

---

① 张铭远：《黄色文明》第67页，上海文艺出版社1990年版。

原因，在于中国传统的家族结构是以同性纵向联结为主轴，异性夫妇间的横向联结只是辐轴。因此，在家庭伦理中特别重视孝悌观念、祖先崇拜观念和父子关系、兄弟手足之情，规定了"夫妇有别"的一系列风俗习惯。这样，人类童年时代所存在的两性无别、平等亲近的关系便被扭曲了，夫妇在家庭中只能尽力做到"夫妇有别则父子亲"的义务。这种义务需要夫妇对长辈、对晚辈分别扮演堂堂正正的角色，唯独自己双方的角色很难扮演。在古代，夫妇关系的最高标准是"相敬如宾"。这一"敬"一"宾"，当然即含有客气和生疏的味道，因而往往把夫妇关系搞到异常尴尬的境地。夫妇夜间在床上什么事都能做得出来，但是，在大白天、在别人面前，连一点亲昵的动作都不敢表示。甚至，夫妇间连彼此的名字都不能称呼，只能用"孩子他爹""孩子他娘"等指示代词来一言以蔽之。如此风俗习惯所带有的民族整体性，既是"男女授受不亲"的深刻反映，也是中国传统家庭缺乏夫妇和谐的全面体现。

夫妇关系和谐，是家庭关系和谐的基础和重要方面。但是，传统社会不但完全取消人们爱的权利，甚至连夫妇之间本能的性爱要求也横加限制，并以此作为家庭和婚姻稳固的重要保障。古代通行的道德标准认为，"万恶淫为首"。这个"淫"字，对于男女来说，是有不同的含义的。对女子而言，"淫"字主要是表示婚前和婚外的性行为，有此行为便是女性的最大罪恶，便被指骂为"淫妇"，被列为"七出"之一。对于男子来说，"淫"字一是指婚外性行为，二是指房事过多。在传统社会中，男子的婚外性行为实际上是要得到社会默许甚至被公开承认的。如古代盛行的嫖娼风俗，即被众多文人墨客极力讴歌过。但对于夫妇间的房事过多，社会则给予了极力劝止，并认为"轻则伤身，重则误家误国"。因此，古文献把商纣王、周幽王、唐明皇的亡国败国都归罪于对妇人的宠爱，而把一些家庭的兴旺发迹都归功于"父慈母爱"。而这父慈母爱也仅仅是对子女而言，绝不是指夫妇间的关系融洽与和谐。

不仅如此，在"男女授受不亲"社会风俗的重压下，在很多场合中，同性关系反而要比夫妇关系密切得多。通常流行的一句俗语即说："兄弟如手足，夫妻如衣服。"这种观念不仅贬低了夫妇关系，提高了同性关系，而且严重压抑了男女婚后爱情的进一步培育，使家庭和谐的基础受到了摧残和打击。因此，在传统时代，社会通常所见的最亲密关系是男子间的结拜兄弟。从桃园三结义，到梁山一百单八将的称兄道弟，兄弟关系成为人们为之舍生忘死而拼命维护的最高尚关系。妇女由于社会地位和身份的限制，同性关系的发展虽受到了一定限制和约束，但也有像华南"十姐妹""金兰会"，华北"金钟罩"等同性组织。

　　如此现象所造成的男女有别的心理定势，不仅使人们在社会活动中习惯于同性接触，即使在家庭生活中也将异性接触纳入社会早已确定好的风俗习惯之中而不敢越雷池一步。这种状态导致了男女表面上总是以两大互不联系的集团出现，从而形成了一系列令人不可思议的风俗。在农村，晚饭后男子们聚在一起砸牙聊天，而不是在家中与妻子儿女亲近，否则即被认为是没出息的"炕头汉子"。俗语说："男大男一家，女大女一家。"但是，已长大成人的大男大女却不会恋爱，甚至连终日在女儿国中厮混的"混世魔王""菩萨哥儿"的宝玉也患有恋爱的低能性，在黛玉面前只会说些"天诛地灭"、"你死了我当和尚"之类的粗直誓言，而不能适应和改造黛玉的变态心理。这种民族心理所造成的，只能是众多矛盾现象在家庭中出现，即没有爱情的一对被强拉在一起，即使婚后产生一定感情的夫妇双方，也以"冤家""死鬼""该死的"等语言相互称呼。这表明，在庞杂的社会伦理的重压下，婚姻中的性爱完全被阉割了。

还是俗语说得好："不是冤家不聚头。"传统婚姻是强扭的瓜，是万万不能得到甜的感觉的。一对被强拉在一起的夫妻，所得到的只能是争吵、摩擦和怄气，还能有什么和谐可言呢？在这种情况下，"婚姻是一条绳索，套在脖子上就打成死结，永远解不开了，只有死神的镰刀才割得断"。①

---

① 〔西〕塞万提斯：《堂吉诃德》（下）第 137 页。

三　亲情脉脉的等级格局

家，是爱的小巢。在这个充满父慈母爱、夫情妇意、兄友弟恭、姐温妹柔的天地里，流淌着天伦之乐，充斥着骨肉之情。

但是，在传统社会中，天伦之乐和骨肉之情却被涂上了一层等级的色彩，背负着沉重的金字塔而存有令人窒息的压抑。因此，令人向往的纯朴家风和家俗，也带有了尊卑分殊、等级森严的不平等基调。

（一）家庭金字塔

中国人是很注重亲情的，因此，世代以累世同居为美，有关"四世同堂""五世共居"的记载不绝于史书，从而形成了民间崇尚累世同居的风俗。孟子有言："仰足以事父母，俯足以畜妻子。"即是说一个家庭至少要包括父母、兄弟、子女三代。如果寿命长、经济条件又许可，加上其他有利条件，一些人家上有父亲、祖父，下有儿子、孙子，五代俱全，而各代又有兄弟妻室，数十人乃至百人同在一个屋顶下同居共爨（cuàn 窜），也是完全可能的。据《宋史》记载，江州陈崇家，传子孙 13 代未尝分异，长幼七百余口，每食必群坐广堂。此种多代同居的大家庭，在历史上被誉为"义门"，传为美谈，人人称羡。

清代史学家赵翼曾指出，累世同居之风，起于汉代末年。自唐代以降，各朝帝王都极力鼓励大家庭，一门孝友，乃是万民之表率。如寿张人张公艺九世同居，唐高宗亲幸其宅，以示尊宠。相反，对于分家异炊者，则被严斥为薄于情礼的小人，甚至处以重刑。例如唐代律例就禁止父子兄弟分居，唐肃宗曾下诏令：

> 百姓中有事亲不孝，别籍异财，玷污风俗，亏败名教（者），先决六十，配隶碛西；有官品者，禁身闻奏。

（赵翼：《陔余丛考》）

此后的宋、元、明历代，亦多因袭唐律，将别籍异财，悬为厉禁。经过历代的倡导，以分家析产为耻的习俗逐渐形成，父子兄弟同居共财的家庭模式由此成为人们心中的理想形式。

累世同居者之所以被称为"义门"，是因为数代不分家，几百十人共同生活在一个屋顶下，男男女女，大大小小，必须相互克制容忍，方能和睦相处，仅此一端，即是非常艰难之事。上述九世同居的张公艺，曾在唐高宗问起怎么才能够九世同居共财时，手书百余"忍"字进览，高宗见之，禁不住潸然泪下。

当然，仅凭克制容忍来维系一个大家庭的存在，显然是不现实的。中国素称"礼仪之邦"，表现在家庭中，就是重视"人伦"，讲求"父慈子孝，兄友弟恭，夫义妇顺"。对于这一点，台湾杨懋春先生曾做过一番解释，他说："伦是在基本人际关系中，各人所处的固定地位与各人活动出现的次序。"①这也就是说，对不同身份地位的人，有亲疏远近的关系和各种不同的交接之礼。这也恰如孟子所言："父子有亲，君臣有义，夫妇有别，长幼有序，朋友有信。"（《孟子·滕文公篇》）在中国式的大家庭中，每个人与不同的家人相处时，都应恰如其分地谨守一定的礼节，这不但古有明训，是每个人必须

---

① 杨懋春：《中国家庭与伦理》，转引自《中国文化新论·宗教礼俗篇》，联经出版事业公司1982年版，第475页。

深切了解的道理，而且这些礼节本身，就区分出了家庭中的等级格局。其中，最直观的表现就是亲属称谓。

称谓既是一种民俗事象，也是一种亲疏关系的反映。如果把家庭中的亲属称谓与等级格局视为一个整体来观察，我们就可明显地看出两者之间的联系：

(1) 亲属称谓体现了家庭中的不同等级，即同辈与不同辈的差别。

这种差别可从整个亲属辈分标志的使用中准确地观察到，辈分不仅是亲属制中重要的结构原则及婚姻关系中的重要调节因素，而且也是家庭等级格局中的决定因素。首先，社会中的每个家庭都是一个血缘集团，它以亲子间的纵向联结为纽带。在父权制的家庭中，这种联结是以父系血缘为主干的。根据血缘关系，家庭中的每一行辈都有各自的界限，并以此确定远近亲疏、长幼尊卑的次序结构。其次，既然辈分是一个重要结构原则，它不能被打乱，以免使整个结构受到破坏，那么禁止不同辈分亲属之间的通婚，便成为必须。传统家庭观念下，某个人与其任何亲属结婚都不被提倡，但如果亲属间一定要通婚，则通婚双方必须属于同一辈分。换句话说，中国人可以与本宗族以外的任何人结婚，若结亲双方有亲属关系，则他们必须属于同一辈分，而年龄的大小可以不论。大约在公元 600 年前后制订的《唐律》，就有严禁不同辈分之间通婚的条文。此后历朝历代，不同辈分之间的通婚不仅受到法律严厉禁止，而且引起民众的强烈反应，以至于一个教师与其学生或一个人与其朋友的儿女结婚，都将被认为是大逆不道。这种根深蒂固的观念，其主旨就在于使家庭中的等级格局保持不变。否则，民俗即认为是"乱伦""猪狗不如"。

（2）亲属称谓体现了家庭中的亲疏关系，即直系与旁系的差别。

旁系的划分原则大致起源于汉代。[①] 最初以"从子"来区分自己的儿子与兄弟的儿子。在晋代，"侄"这一称谓开始从女子对其兄弟之子的称呼变成了男子对其兄弟之子的固定称谓。"同堂"最早使用是在五或六世纪，表示第二旁系亲属，后来简称为"堂"，如"堂兄弟""堂叔父"及"堂侄"等等。由此，家庭中的亲与疏，得以明确区分。

（3）亲属称谓体现了家庭中同辈兄弟姐妹的地位，即平辈间的年龄差别。

在中国亲属称谓范畴中，对"己身"这一辈，不论男性

----

① 参见冯汉骥著、徐志诚译：《中国亲属称谓指南》，上海文艺出版社1989 年版，第 19 页。

或是女性都有年龄之别，如哥哥、弟弟、姐姐、妹妹等。在上辈亲属中，只有男性亲属及其妻子有此分别，如：伯父、叔父、伯母、婶母等，而对父辈女性则无分别，如父亲的姐妹统称为"姑姑"，仅标明父系，不标长幼，其原因在于，家庭中的女性只是在未婚前属于这于家，一旦结婚就属于丈夫的家族。这种由婚姻关系导致的世系变化，减少了她们与原家庭的联系，事实上无必要再详加区分。以此反观男性成员，由于在财产、爵位等等的继承上，每一世系都遵循长子优先的原则，即兄长对其他弟兄有优先权，因而必须详加区分。

大致而言，中国家庭亲属制的构成结构依据两个原则：直系亲属与旁系亲属的划分，辈分的分层。前者是垂直划分，后者是水平划分。通过这两个原则，家庭中的每个人就被牢牢地固定在了整个系统结构中。（参见表1-1、表1-2）

以下两表所示，实际是中国传统社会中累世共居的复合式家庭的关系图。这一形式主要存在于官僚及世家大族中，在历史上若凤毛麟角，仅为点缀品而已。据赵翼《陔余丛考》的统计，古代累世同居的所谓"义门"，宋祚三百余年，仅50家；明祚二百七十余年，仅26家而已，可见这一家庭形式在中国历史上从未获得过普遍发展。其原因一是由于累代同堂，食用浩繁，非仕官或地方世家，难以供养；二是由于平均寿

表 1-1　以己身为中心的家庭金字塔①

第四旁系	第三旁系	第二旁系	第一旁系	高祖父 高祖母	第一旁系	第二旁系	第三旁系	第四旁系
			曾祖姑父 曾祖姑母	曾祖父 曾祖母	曾伯祖父 曾叔祖父			
		表祖父 表祖母	姑祖父 姑祖母	祖父 祖母	伯祖父 叔祖父	堂伯祖父 堂叔祖父		
	堂表伯父 舅表叔父 堂表姑母	表伯父 表叔父 表姑母	姑夫 姑母	父 母	伯父伯母 叔父叔母	堂伯父 堂叔父 堂姑母	再从伯父 再从叔父 再从姑母	
再从表兄、弟 表姐、妹	堂表兄、弟 堂表姐、妹	表兄、表弟 表姐、表妹	姐、姐夫 妹、妹夫	己身	兄嫂 弟、弟妇	堂兄、堂弟 堂姐、堂妹	再从兄、弟 再从姐、妹	族兄、弟 族姐、妹
源自父系女性亲属之世系				直系	源自父系男性亲属之世系			

表1-2　从己身向下推衍的倒立金字塔②

源自父系男性亲属之世系				直系	源自父系女性亲属之世系			
族兄、弟 族姐、妹	再从兄、弟 再从姐、妹	堂兄、弟 堂姐、妹	兄、嫂 弟、弟妇	己身	姐、姐夫 妹、妹夫	表兄、弟 表姐、妹	堂表兄、弟 堂表姐、妹	再从表兄、弟 再从表姐、妹
	再从侄 再从侄女	堂侄 堂侄女	侄 侄女	子 女	外甥 外甥女	表侄 表侄妇	堂表侄 堂表侄女	
		堂侄孙 堂侄孙女	侄孙 侄孙女	孙 孙女	外甥孙	表侄孙		
			堂侄孙 堂侄孙女	曾孙 曾孙女	外甥曾孙			
				玄孙 玄孙女				
第四旁系	第三旁系	第二旁系	第一旁系		第一旁系	第二旁系	第三旁系	第四旁系

①②以上两图表均采自冯汉骥著《中国亲属称谓指南》一书，见该书第20页图3。此图表实际上是扩大了的家庭关系图，仅做参考。

命太短，大约在 50 岁以下，一些学者更认为在 28～38 岁之间，① 无法活到多代同居的年龄。

据梁云仲《中国历代户口、田地、田赋统计》一书的统计，中国历代家庭的平均人口数量大致在五人左右。其中汉平帝元始二年（公元 2 年），户均人口数为 4.87 人。唐贞观十三年（公元 639 年），户均人口数为 4.31 人。清宣统三年（公元 1911 年），户均人口数为 5.17 人。可见我国个体家庭的规模始终没有大的变动，个体小家庭乃是传统中国社会的基本家庭模式。

无论是复合式大家庭，还是个体式小家庭，位于金字塔顶端的父权制家长在家庭中都拥有至高无上的地位。从历史上看，治家严整，父权制家长要有尊严，是历朝历代所竭力提倡的。翻开史籍典册，此类言论比比皆是：

> 家人有严君焉，父母之谓也。父父子子，兄兄弟弟，夫夫妇妇，而家道正。（《周易·咸卦》）

> 虽一家之小，无尊严则孝敬衰，无君长则法度废，有严君而后家道正。（《古今图书集成·家范典》）

---

① 张铭远：《黄色文明》，上海文艺出版社 1990 年版，第 79 页。

除了政府的提倡外，历代王朝还给予父权制家长以法律上的巨大权威，并随着朝代的推进而日益增加。如汉代，父亲杀子是违法的，要受刑罚。但在明清时代，父母或祖父母殴打不服从的子或孙而意外致死，是不至于获罪的，只有在子女被残忍地杀害时，才考虑判罪，而其刑罚又极是轻微。同时，若父母宣称杀死儿子是因为他不孝顺、不听教导，官府就不会再进一步调查这件事。

封建国家积极倡导家庭中的长幼之伦，一是因为在政府权力下达的限界以下，要靠社会的自治，而家庭又是社会的细胞，政府借提高家长权威来促使家庭内长幼秩序分明，可使家庭的治理更为稳固安定；二是因为教民尊亲敬长，可使民性较为恭顺，且将家、国连为一气，陶融人民由对父辈之孝进而发展为对君王之忠，如此则更易于统治。在此，俗为礼用，礼为法基，俗、礼、法混为一团，皆为统治者所利用于教化民众以维护其统治的轨迹得到了明显的体现。

（二）夫唱妻随——人伦之始

家庭是由婚姻的结合而产生的，因而对家庭内部人际关系的考察也应从夫妇之间的关系谈起。《易经·序卦传》云：

"有天地然后有万物，有万物然后有男女，有男女然后有夫妇，有夫妇然后有父子，有父子然后有君臣，有君臣然后有上下，有上下然后礼仪有所错。"可见，夫妇关系乃是人伦之始。

家庭中夫妻相处之道，理想上应该是相敬如宾，从"妻"的字义解释看，也有平等之意。班固《白虎通义》有言："妻者，齐也，与夫齐礼，自天子至庶人，其义一也。"《礼记·内则》东汉郑玄注："妻之言齐也，以礼见问，得与夫敌体也。"由此可见，夫妻之间的关系应是相互平等，相互尊敬的。《后汉书·方术·樊英传》记载，方术高士樊英在汉安帝时先征为博士，每次提问均能得到验证，拜五官中郎将。颍川人陈寔（shí 音时）在他门下就学。一次，樊英患病卧床休息，他的妻子派女婢来问候清安，樊英竟带病下床，以礼答拜女婢带来的妻子的问候。陈寔觉得十分奇怪，问老师干吗如此拘礼。樊英答道："妻，齐也，共奉祭祀，礼无不答。"另外，汉代京兆尹张敞为夫人画眉毛的故事更是人所熟知，这些都体现了家庭中夫妻之间平等互敬的理想关系。可见，妻的本义应是原始夫妻平等关系的体现。

但是，中国传统家庭皆是以男子为中心的，男尊女卑的观念自古有之，因而所谓相敬如宾仅是理想中的关系，在世俗中并不多见。前引《白虎通义》一方面从字义上解释"妻者，齐也"，另一方面却首倡"三纲五常"之说，明确提出"夫为妻纲"，并对家庭中的夫妻关系作了如下解释：

> 夫妇者，何谓也？夫者扶也，以道扶接也；妇者服也，以礼屈服也。（《白虎通义》卷三《三纲六纪》）

可见妇应屈居于夫之下，从属于夫，其荣辱尊卑都依夫的地位来决定。在家庭关系上，妻子侍奉丈夫要周到恭谨，侍奉公婆要尽子媳之孝。东汉梁鸿与孟光夫妇"举案齐眉"的故事，（图4）被认为是夫妻间"相敬如宾"的典型，传颂千古。在这里，"案"是指盛饭的食具。这故事是说梁鸿每次回到家中，孟光都为他准备好可口的饭菜，且不敢在夫君面前抬眼直视，而是低眉颔首，把盛好饭菜的食具高举至眉，以奉夫君，以此可知举案齐眉的真意乃是妻对夫的恭谨有礼，决然谈不上相互敬重。

图 4　举案齐眉

　　作为一个好的妻子，除了要敬夫从夫以外，还要与丈夫共尽子媳之孝，料理家中大小琐事，并协助丈夫管教子女。所谓"男主外，女主内"，概言家庭的和谐与兴旺常与主妇有莫大关碍。如程颐的母亲侯氏，就是人们传颂的贤淑主妇的典型。据《伊川先生文集》记载：

> 侯夫人事舅姑以孝谨称，与先公相待如宾客，先公赖其内助，礼敬尤至。而夫人谦顺自牧，虽小事未尝专，必禀而后行。仁恕宽厚，抚爱诸庶，不异己出。从叔幼孤，夫人存视，常均己子。治家有法，不严而整。……先公凡有所怒，必为之宽解。

这样的妇人，真是标准的"贤内助"。虽然当家主事，但又不专擅家政，更不因此而减少对丈夫的尊敬，也不会不承认丈夫是一家之主，无怪乎她丈夫对她会"礼敬尤至"。其实，夫妇之间的关系在家庭中最为亲密，妻子固然敬夫从夫，而丈夫也常受妻子影响。问题的关键在于，传统家庭中的男子决不会坦然承认这一点。因为在他们的意识中，他们是一个男人，一个孝子，一个好兄弟和一个威严的丈夫，所以凡事不能听从妻子的话，尤其不能相信妻子对家人的抱怨，否则"牝鸡之晨，惟家之索"，家庭的和谐兴旺就会受到妨碍。这也体现了传统家庭中夫妻之间关系有悖情理的一面。

传统家庭中夫妻之间的这种不平等地位，在古代的一些法律条文中也有所体现。《唐律·斗讼》对家庭纠纷、家庭民事及刑事案件的量刑，就明显地体现出不平等。如诬告罪，夫对妻可以不论，妻对夫则徒三年；殴伤罪，夫对妻不论，妻对夫徒二年；谋杀罪，妻对夫当处斩刑，而夫对妻仅徒三年。可见法律对夫妻双方当事人的量刑标准大不一样，妻子明显受到国家法律的不公正对待。

另外从夫妻间的称谓上也可体现这种不平等。明代以前，妻子一般自称为"妾"或"箕帚妾"，显示不敢与丈夫相互匹配。明代后女子自己贱称"奴家"，较前更低了一步。对丈夫则称"夫君""官人"以示尊重。再就是在一些家庭中，尤其是一些生活较贫苦的平民家庭中，打老婆的现象时有发生。有一首歌谣唱道：

> 乐，乐，乐，你是弟弟我是哥。买些酒儿咱两个喝，喝得醉醉的，家去打老婆，打死老婆怎么过？你打鼓，我敲锣，嘀嘀嗒嗒再娶个。（《阳刚与阴柔的变奏》第267页）

从中可以反映出平民家庭中丈夫暴力是家庭冲突的普遍形式。这大概即是俗语所谓"妻子如衣服"的真正含义：一旦不如意，打她一顿即丢弃。

显然，传统家庭中的妻子即使再贤惠也仅是"内助"而非"一家之主"，丈夫的地位与权力凌驾于妻子之上。不过从另一方面看，家庭中的丈夫与原配妻子毕竟还可相互匹配，等量齐观，或者说原配妻子在家庭中有一定的地位。但正妻以外的"妾"，则毫无地位可言了。

在传统家庭中，男子可因没有子嗣或其他原因而再纳别的女子为妾。她或可因年轻貌美等因素受丈夫宠爱，但在家庭中的任何问题上皆无发言权，毫无地位可言。唐代严挺之十分宠爱他的小妾，儿子严武由母亲处得知这一情形后，奋然以铁锤击杀父亲的小妾。其他人惊恐万状地告诉严挺之，严武肃容辩解说："哪里有身为大臣宠爱卑妾而薄幸妻子的呢？儿子因此故杀了她！"严挺之说："真是我的好儿子！"此故事见于《新唐书·严挺之传》。从中看出，儿子故意杀死父亲的宠妾，父亲却丝毫没有责怪之意，可见妾在家中是多么地不受重视！这一现实在《红楼梦》中也得到了反映，贾政的妾侍赵姨娘，甚至比未嫁的丫头或年青的佣人都差一大截。《吕氏春秋·慎势篇》说："妻妾不分则室家乱。"在一般的习俗中，娶妻要行大礼，要找门当户对的女子。纳妾则较为随便，或用钱财买得，或纳家中婢女，或纳妻子的陪嫁丫头，所谓"妾通买卖，等数相悬"，正是此意。正因为"妾"至少在家庭地位上并不对妻子构成威胁，并要对妻子毕恭毕敬，（图5）所以传统社会中的"贤妻"一般不反对丈夫纳妾，社会舆论则认为纳妾是正常的。妻子若婚后无子，更应支持丈夫纳妾，这才是世俗中的好妻子，否则即被称为"妒悍"，为人们所谴责。

继室的情形与妾有所不同。正妻亡故或被丈夫休掉，丈夫又再续弦，这也是明媒正娶，其地位与原配夫人差不多。《礼记·丧服》云："继母如母。"传曰："继母何以如母？继母之配父与因（亲）母同，故孝子不敢殊也。"

图 5　妻妾之间

中国传统的家庭皆是父系的、父居的，有一些男子或自愿或因生活所迫而到女家落户，则为世俗所不齿。这种男子被称为"赘婿"，按字面解释，"赘"为"以物质钱"之义，即抵押，引申为多余。（许慎：《说文解字》）唐人司马贞说："赘婿，女之夫也，比于子，如人疣赘，是余剩之物也。"正常的婚姻是女子嫁到男家，"赘婿"却是男到女家，家庭中仍然以女子为中心，其地位低于妻子，而且"赘婿"要用妻子的姓。习俗中"赘婿"的第三代子女又回用他原来的姓，即"三代回宗"，但对妻子家世系的继承通常只允许其中的一个男孩来完成，他将按母亲家的姓氏永远延续。

由传统家庭中"男尊女卑"的地位所决定，在日常夫妻间的行为举止上，则强调"夫唱妇随"，即所谓"夫为妻纲""三从四德"。

纲，是指提网的大绳，引申为事物总的原则。"三纲"理论中只有"夫为妻纲"是专指夫妻关系的。这一理论的基础是董仲舒的天人感应说，"阳贵而阴贱，天之制也"，"君臣父子夫妇之义，皆取阴阳之道。君为阳，臣为阴；父为阳，子为阴；夫为阳，妻为阴"。（《春秋繁露·基义》）所以丈夫的地位永远在妻子之上，家庭中的人际关系与道德伦理永远以丈夫为中心。

"三从"最先见于《仪礼》，"妇人有三从之义，无专用之道。故未嫁从父，既嫁从夫，夫死从子"。（《仪礼·丧服子夏传》）其本义是指为丧服规定的种类，即女性的丧服没有专门规定，应按照相应的男性亲属定。"四德"最先见于《礼记·昏义》，其中记载女子出嫁前，要教以"妇德、妇言、妇容、妇功"。妇德，指贞顺，幽闲贞淑，规矩礼貌；妇言，指辞令、言谈要注意分寸，不轻易说话，不要多口舌；妇容，指仪态，这里不一定指漂亮美丽，主要指整洁、清爽、素雅；妇功，指针线活、整治酒食、奉迎辞送宾客等妇女专门分工该做的事。唐以前将此称为"四行"，孔颖达注疏《礼记》，改称为"四德"，这才有了"四德"的说法。

从三纲五常和三从四德的本义来看，并不是要让丈夫骑在妻子的头上作威作福，而是要提倡一种以丈夫为中心的夫妻和谐。但由于中国封建宗法制的影响，夫妻关系的大趋势是男女之间的不平等越往后越甚。夫妻和谐固然是家道兴旺所必需，但这种和谐却是以妻子的屈己从夫，夫唱妇随为代价的。中国家庭关系史上名重一时的《女论语》有言：

> 女子出嫁，夫主为亲。将夫比天，其义非轻……夫有言语，侧耳详听。夫有恶事，劝戒谆谆……夫若外出，须记途程。黄昏未返，瞻望思寻。停灯温饭，等候敲门……夫如有病，终日劳心，多方问药，遍处求神……夫若发怒，不可生嗔，退身相让，忍气吞声……同甘共苦，

> 同富同贫，死同棺椁，生共衣衾。(《古今图书集成·明伦
> 汇编·闺媛典》卷二《闺媛总部·宋尚宫女论语·事夫
> 章第七》)

一部"女论语"把家庭中妇女卑下的地位规范化、具体化为
日常的行为，其影响至深且巨。"治内"的妻子必须以"治
外"的丈夫的意愿为依归，看丈夫的脸色行事，在家庭中处
于从属的地位。此后愈演愈烈，加之宋元以后对缠足、贞节
的严苛讲求，从而使家庭中夫妻之间双重标准的差异更加扩
大，夫尊妇卑也更加明显。

(三) 神圣的父为子纲

就家庭中的人伦关系而言，除了夫妇之外，最基本、最
主要的就算是父与子的关系了。这里所说的父与子，只是一
个泛称，并不仅限于父亲与儿子，它既包括父母与子女的关
系，也包括翁婆与儿媳的关系以及家庭中长辈与晚辈之间的
关系。

班固在其著名的《白虎通义·三纲六纪》中首次明确地
提出了所谓的"三纲"之论：

> 三纲者，何谓也？谓君臣、父子、夫妇也。……故

> 君为臣纲，父为子纲，夫为妻纲。（《白虎通义·三纲六
> 纪》）

"三纲"提出后就成为我国封建社会最正统的人际关系，既是
道德伦理的总规范，也是神圣不可动摇的总原则，并由此产
生了一系列家庭风俗。

"父为子纲"作为父子之间伦理关系的总规范和总原则是
粗疏而概略的，在日常的家庭生活中，这一总原则具体表现
为"孝"与"敬"。

作为中国传统道德意识的主流，儒家特别讲究"亲亲而
仁民"，对至亲的父母更主张竭力尽孝。这是因为父母对儿女
有生养之恩，儿女对父母有孺慕之情。就家庭关系而言，
"父"与"子"之间、"长"与"幼"之间的孝道至少表现在三
个层面上：

其一，善事父母，赡养双亲。

在中国传统社会中，赡养父母被视为儿女的家庭义务和
道德责任。《后汉书·梁统传》对"孝"有段著名的解释：

> 夫孝莫大于尊尊亲亲……《诗》云："父兮生我，母
> 兮鞠我，抚我畜我，长我育我，顾我复我，出入腹我，
> 欲报之德，昊天罔极。"

这段话引用《诗经》的话，用朴素的血亲报恩思想论证了"孝"所规定的子女家庭义务的合理性。二十四孝中仲由为亲负米，体现了子女对双亲赡养的责任。在《礼记》的"曲礼""内则"诸篇中，更详尽地讲述了对父母应怎样尽孝。其大意是，子女对父母要冬日温之御其寒，夏日清之致其凉；晚间要替父母安置床铺，早晨则要向父母请安问好；父母出入门庭，要或先或后敬扶持之；每日三餐要请问父母想吃什么，然后去准备、奉上，并待父母尝过后，子女媳妇方得各退就食；在父母的房中，要恭敬应对，进退周旋慎齐，且不敢随意喷嚏、咳嗽、欠伸、跛倚、睇视、吐唾等；父母不命之坐，不敢坐，不命之退，不敢退。《礼记》中的这些规定已成为传统家庭中的日常习俗，为人们世代遵行。

其二，敬爱父母，尊敬长者。

孔子倡导敬亲之孝，以区别于"以养为孝"。他说："今之孝者，是谓能养。至于犬马，皆能有养，不敬，何以别乎？"大意说，对父母仅是像养狗、养马那样给饭吃是远远不够的，真正的孝应该更进一步，达到"敬"。在中国传统的家庭中，一个孩子自幼就要学习孝顺，尊敬父母和长辈，年幼者常要被强迫遵守许多规矩限制，若有不足之处，还要被教训责打。

古代李景让虽官至浙西观察使，仍要受母亲责罚。（图 6）司马光《涑水家仪》中规定小孩自开始会讲话，就须"教之自名及唱喏万福安置；稍有知，则教之以恭敬尊长；有不识尊卑长幼者，则严问禁之"。所谓"唱喏"，就是作揖时口称颂词，"万福"则是妇人敛衽（liǎn rèn 音脸任）时口道万福，都是恭敬问候的举动。

图 6　李景让母

应该肯定，"敬亲"是比"养亲"更高的孝行，体现了人的文明和教养程度。对敬亲的进一步延伸，则是由对父母、祖先扩大至尊敬所有的长辈和老人，此即《孝经》中所说的"广敬"和"博爱"，也就是人们常说的"老吾老，以及人之老；幼吾幼，以及人之幼"。这一思想体现了传统家庭伦理中扶困济危、尊老爱幼的民族性格和普遍的人道主义精神。

其三，顺乎亲意，服从长者。

孔子提出孝即无违，孟子认为"不得乎亲，不可以为人；不顺乎亲，不可以为子"。(《孟子·离娄上》) 曾子也主张"孝子之养老也，乐其心，不违其志"。二十四孝中闵损单衣顺亲的故事正是告诫人们要顺乎亲意。(图7)(《礼记·内则》) 宋明时期的理学家更鼓吹"天下无不是的父母"，"父叫子亡，子不得不亡"。在传统家庭生活中，只要是辈分低的，即使是已须发斑白，犯了错，仍有可能受到责罚。晋代孙盛，"性方严有轨宪，虽子孙班 (斑) 白，而庭训愈峻"。(《晋书·孙盛传》) 元代郑大和"家庭中凛如公府，子弟稍有过，(斑) 白者犹鞭之"。(《元史·孝友一》) 经由如此严格的管教，常使子孙辈自幼即颇知礼数，恭谨不敢稍有逾分，即使是成年后功成名就，在家中仍谨守子孙之礼，不敢托大，亦不得对长辈稍有违拗。

图7　闵损单衣顺亲

　　需要特别指出的是，传统家庭伦理中的孝道并不是要求子女或晚辈绝对地、无条件地服从。孔子就认为，当子女发现父亲有不义的行为时，子对父有诤谏的义务，这也是孝，即所谓"当不义，则子不可以不争于父"。(《孝经》)朱熹在《四书集注》中援引赵歧《孟子注》的说法，认为："阿意曲从，陷亲不义，一不孝也。"即对父母的缺点、错误视而不见，一味顺从，使父母陷于不义的境地，也是所谓"不孝有三"中的重要一环。这无疑表明，传统家庭伦理中的"孝"

并不是绝对地顺乎亲意，而有道义的大原则在起到约束作用，正所谓"从义不从父，人之大行也"。(《荀子·子道》)

与子女的"孝"相对应的是父母的"慈爱"。《颜氏家训》讲："夫风化者，自上而行于下者也，自先而施于后者也。是以父不慈则子不孝。……"但中国是一个父权社会，父母有绝对的权威，因此在家庭伦理中一般多要求儿女要孝，很少要求父母应有相对的慈爱。如林逋《省心录》说："父慈子孝，兄友弟恭，相须之理也。然子不可待父慈而后孝，弟不可待兄友而后恭。"由此看来，似乎传统家庭中父母与子女之间的关系，仅是礼教与规矩，而看不出其间的情感。一些人也因此而批评中国的家庭关系中"礼胜于情"。

事实上，家庭内父子间规矩礼法的形成，也都有"情"的成分在内。何况家庭本身就是由至亲骨肉所组成，人总有人的天性，天下没有不爱子女的父母，也少见不爱父母的子女。我们从欧阳修的《泷冈阡表》、蒋士铨的《鸣机夜课图记》等文章中，都可强烈地感受到父母与子女间的骨肉至情。因此纵然家庭中有规矩，也常包含着浓浓的情意。如对父母的晨昏定省，出告返面，都是一种关怀父母的表现。司马光对此解释说，为人子女者，常常惦记着父母，而父母在子女外出后，必会时常挂念，所谓"为人亲者无一念而忘其子，故有倚门倚闾之望；为人子者无一念而忘其亲，故有出告返面之礼"。(《涑水家仪》)由此看来，事亲之礼的产生，应是来源于父母与子女之间诚挚的情感。《后汉书·第五伦传》记载，第五伦以奉公无私闻名，有人问他有私否，他说，兄长的孩子常常生病，一夜去探视十次，然后才能入眠。自己的孩子生病时，常常是彻夜守护，竟夕不眠。(图8)也许是因为中国人不习惯于当众抒发自己情感的缘故，尤其不喜欢露骨地表达情意；也许家庭中众多的礼法，规矩形式化以后，反而使人看不到隐藏于背后的情感层面，从而使父母与子女之间常常显得不够亲近，但彼此内心中总是充溢着亲情，洋溢着父子至性。

图8 亲尝汤药

在这里还须附带说明一下母子、祖孙之间的关系。就中国礼法而言，家庭中讲求"家无二尊"，父亲至上，母亲稍逊。不过就关系而论，通常母子比父子更亲密些。这一方面是因为母亲自来照顾子女的时间多些；另一方面传统家庭中常是"严父慈母"，所以母亲更容易亲近。于是在情感倾向上，母子关系常常更亲密，超过父子关系，由此也可看出在礼法与情感两方面常常是不一致的。

至于祖孙关系，是较为有趣的。祖父母在家中地位崇高，且通常为一家之长，因而加倍受到儿孙们的敬爱与侍奉。袁采说：

> 高年之人作事有如婴孺，喜得钱财微利，喜受饮食果实小惠，喜与孩童玩狎，为子弟者能知此而愿适其意，则尽其欢矣。（《袁氏世范·睦亲》）

如此通情达理、细致入微地体察年高祖辈的情感变化，且不遵循呆板的形式，以体谅与包容表现出尊崇与至孝，这般家庭中的长者将是何等温馨！

不过从另一方面看，祖父母虽在家中有着崇高地位，但由于老人多疼爱孙儿，因而对隔辈儿孙较为纵容。如《红楼梦》中宝玉常到贾母房中用饭，且和老祖母同桌而食，不必遵守那"父子不同席"的规矩，充溢着慈爱与祥和。但贾宝玉见着父亲贾政，总是十分畏惧，谨守礼仪；贾政对贾母也是恭谨有礼，从不敢稍有违拗之处，这也可看出父子关系与祖孙关系的差别。

在习俗中，父子之间或晚辈对祖辈尊长还有避讳的问题，这恐怕是中国家庭乃至中国社会中的一项极特殊的风俗。就以孩子取名来说，父、祖及近支长辈名字中所用的任何一字都不能在晚辈身上出现，这是最基本的要求。这也决然不同于西方国家的命名习惯。如在欧美国家，一些家族中出现极杰出的人物，并被家族视为骄傲，那么他的名字将被家族中众多的人采用，具有以先人为楷模的意味。美国历史上的几十位总统，其名字皆有来历，大多是取父亲、祖父、舅父的名字。如著名总统阿伯亚罕·林肯和美国《独立宣言》的起草者托马斯·杰斐逊都是取其祖父的名字，第二次世界大战期间领导美国的终身总统富兰克林·罗斯福取的是其舅父的名字。在英、法等国历史上常有亨利二世、路易十六、查理三世等名字出现，即是因为家族中已有先人名为"亨利""路易""查理"等，后辈再以此为名，就要加以区别。如先人就被称为"亨利一世"，晚辈即为二世。这在中国传统社会中的人看来，恐怕是既不可理喻，复大逆不道了。

除了晚辈在名字中不能与长辈的名讳重字外，在日常读书、写字中也应避讳。如司马迁的父亲名司马谈，他写《史记》时，遇"谈"多改为"同"。如《赵世家》改张孟谈为"张孟同"，《佞幸传》改赵谈为"赵同"。唐代大诗人杜甫，父名"闲"，后人称"杜诗无闲字"。著名小说《红楼梦》中，林黛玉之母名贾敏，所以她每遇"敏"字即念作"密"，在写这个字时，又减一二笔。

再是表现为晚辈对于尊长绝不能称呼对方的名讳，而自己却必须称"名"，以示己之卑下。一般说来，中国人很看重名字，小时候的乳名，大家可随便叫，但长大后，一般人就不太称呼对方的"名"，而改称"字"，以示对"名"的尊重。对一般人都因敬而不称其名，那么对父母尊长自然要更进一层，以示至尊至敬了。但反过来，晚辈在长辈面前，却必须自称名字。班固《白虎通义》曰："名者，少贱卑己之称也，……君前臣名，父前子名，……明不敢讳于尊者前也。"（《白虎通义·姓名》）由子女必须避讳父母之名讳和晚辈在尊长面前须自称名两相对照来看，可知中国传统家庭中对长幼尊卑之关系极为重视。幼者卑下，不得僭越长上，连名字都有规矩，一点儿也乱不得，否则就是"失礼"，或被斥为"没有教养"。

（四）兄弟间的长幼之序

在中国传统家庭的等级格局中，兄弟之间或泛称为除夫妻之外的同辈间的关系，也是极其重要的一环。家庭中兄弟之间的关系，讲述的是"兄友弟恭"，也就是一个"悌"字。

在传统家庭中，兄弟之间情同手足，且辈分相同，烦琐的规矩也较少，因而情感浓厚自在意中。但是，兄弟间要维持浓厚的感情与"悌"道，也不是一件容易的事情。《颜氏家训》曾揭示了其中的缘由：

> 兄弟者，分形连气之人也。方其幼也，父母左提右挈，前襟后裾，食则同案，衣则传服，学则连业，游则同方，虽有悖乱之人，不能不相爱也。及其壮也，各妻其妻，各子其子，虽有笃厚之人，不能不少衰也。（《颜氏家训·兄弟篇》）

可见，兄弟之间本来友情甚笃，但各自结婚生子后，便渐渐疏远。这一是因为各人专注于自己的小家庭，二是因为受妻子的影响。然而这一现实又常常在情理上不为世人所愿意接受。在世俗中，历史上也确实有一些特立独行之士认为男尊女卑，丈夫应教化妻子，绝不可因夫妻间的私情而损及手足之爱。宋代张存"性孝友，尝为蜀郡，得奇缯文绵以归，悉布之堂上，恣兄弟择取。常曰：'兄弟手足也，妻妾，外舍人耳。奈何先外人而后手足乎？'"。（《宋史·张存传》）更有甚者，唯恐兄弟疏远，而誓不娶妻。由此可知，依我国传统的家庭礼俗，应是先兄弟而后妻子，但在现实中，却往往是夫妻之间比兄弟之间更为亲密些。上述张存之事，正因其特异于常人，才被人所称道，否则，几匹绵帛必不至大书特书，这也是情感与礼法不相合的地方。

单就兄弟之间的关系而言，中国历来即重视"嫡长子"，并把嫡长子看成主要的延续世系和继承香火的人，因而嫡长子在家中的地位特别重要。关于嫡长子，在这里需强调两点，一是"嫡"表明其地位，即宗法制度下家庭的正支，为妻子所生，与妾侍所生子女的"庶"相对；二是"长"表明其伦序，与"幼"相对。在传统家庭中，长幼有序，嫡庶有别。一方面做弟弟的须对哥哥恭敬有礼，做哥哥的要对弟弟友爱，并为弟弟树立好的榜样，教导弟弟；另一方面，嫡子中的年长者在财产、爵位的继承及祭礼等方面具有优先权。《唐律·

户婚》规定:"诸立嫡违法者,徒一年。"长孙无忌疏议曰:

> 立嫡者,本拟承袭。嫡妻之长子为嫡子,不依此立,
> 是名"违法",合徒一年。

由此可见嫡长子与其他儿子有很大差别。再者,当父亲过世后,嫡长子常继为家长,主持家政,因此诸弟对兄长自然是敬礼有加,不敢稍有违拗失仪之处。

一般说来,传统家庭中的夫妻是一体的,妇在家中的长幼辈分随夫而定。因此,弟妇要如同丈夫尊奉兄长一般去尊奉兄嫂,而兄嫂对弟弟、弟妇也要待之以礼。著名的章嫂让儿的故事,为兄弟之间的感情维系提供了例证。(图9)此外,又因男女防嫌,伯与弟妇、叔与兄嫂之间更须讲求礼法,从而显得多礼而客气,乃至拘谨。台湾学者杨懋春在描写中国北方家庭亲属关系时提到:

> 一女子和她丈夫的哥哥之间的关系是基于尊敬,而
> 有防嫌的距离,就像父亲一样,哥哥不能进已婚的弟弟
> 的卧房,除非是有绝对的必要。……只有在家人聚集或
> 在年老父母房中,一家人都在场并自由交谈时,大伯才

能开玩笑，而不至于令弟妇局促不安。①

图9 章嫂让儿

至于兄弟之妻间的关系，即妯娌之间应如何相处呢？《礼记·内则)中说：

> 舅没则姑老，冢妇所祭祀宾客，每事必请于姑，介

---

① Martin G·Yang：A Chinese Village：Taitou, ShandongProvince. 转引自,《中国文化新论·宗教礼俗篇》第500页。

妇请于冢妇……不敢并行，不敢并命，不敢并坐。

其大意是说，公公亡故后，婆婆传家事于长妇，而长妇虽受命，犹不敢专行，因而祭祀、宾客等事，每每须先禀问婆婆，而众妇则每事问于长妇。众妇与长妇分有尊卑，所以不敢比肩而行，不敢并受命于尊者，且坐次亦必异列。由此可以看出，妯娌间的分别及在家中的地位是依照其丈夫的嫡庶长幼而定的。由于嫡长子在兄弟间的地位特别高，责任也特别重，连带长妇的地位与责任也要高出其他妯娌，因而在《礼记·内则》中提出冢妇与介妇的差异，冢妇即是嫡长子之妻，介妇即众妇，诸兄弟之妻。在家庭关系中，众妯娌虽一并听命于公婆，但长妇较众妇为尊，地位也高出一筹。

以上分别介绍了传统家庭中夫妻、父子及兄弟之间的关系与交接礼仪，并借以构建出传统家庭中的等级格局。概言之，传统家庭是父权的、父治的，父亲作为一家之长在家中掌有全部的权力并负有重大的责任；在夫妻关系上则是男尊女卑，妻子要屈己事夫；在兄弟关系上，讲究兄友弟恭，并由嫡长子享有优先权。中国的传统家庭正是在这复杂而有序的等级格局中延续着。它重视伦常关系，并将"伦理"与"道德"混融，似乎家庭中的每一个人不严格遵循伦常之序，即是道德有亏。有一首前人所写的"四箴"诗，用以劝诫父子、夫妇、兄弟应如何相处，兹抄录如下，借以作为这一问题的结语：

> 子孝父心宽，斯言诚为确。不患父不慈，子贤亲自乐。父母天地心，大小无厚薄。大舜日忧忧，瞽叟亦允若。夫以义为良，妇以顺为令。和乐祯祥来，乖戾灾祸应。举案不齐眉，如实互相敬。牝鸡一晨鸣，三纲何由正？兄须爱其弟，弟必恭其兄。勿以纤毫利，伤此骨肉情。周公赋棠棣，田氏感紫荆。连枝复同气，妇言慎勿听。（《古今图书集成·明伦汇编·家范典》卷四《家范总部·艺文二》）

四 田园之歌

　　家庭，是社会生活的基本单位。家庭生活的内容是什么，方式怎样，从根本上反映出家庭的性质和特征。人来到这个世间上，要吃要穿要住，只有保证了最基本的物质生活需要，才可能从事其他工作。但是，如何吃穿，如何去保障吃穿，这不仅是社会的责任，而且是家庭的一项重要职能。为此，众多家庭习俗被衍生、被传承，并成为民众如何搞好家庭物质生活的一种规范和准则。

　　传统时代，生活方式的自给自足性是中国家庭的基本特征之一。如此特点，也使传统中国家庭民俗带有了静谧、安然、舒适、自然的田园风光，弹奏了一曲多色彩而又迷人的田园之歌。

（一）对赵公元帅礼拜最勤

毛泽东在《中国社会各阶级分析》中，曾对属于小资产阶级的自耕农、手工业主等阶层的心态给予过精彩的描述："这种人发财观念极重，对赵公元帅礼拜最勤，虽不妄想发大财，却总想爬上中产阶级地位。"①

中国传统社会的自耕农，不，应该说是整个的中国农民，确是赵公元帅的最忠诚信徒，是对赵公元帅礼礼拜最勤的一个群体。

中国是一个农业大国，以农立国，是中国以往社会的一个基本特征。在漫长的封建社会中，除个别时期存在有豪强地主庄园经济外，社会财产的很大一部分都分散在中小地主和贵族家庭、农民家庭中。这些家庭除有少数流民无产者外，其余每个个体家庭都是一个私有制单位。由于私有制的分散性和小规模性特点所决定，中国封建自然经济就是以一家一户为单位的自给自足经济，即家庭自然经济。

家庭自然经济，较之西欧封建时代的庄园自然经济，在

①《毛泽东选集》第 1 卷第 5 页，人民出版社 1991 年版。

自然经济的条件、农民活动范围、劳动分工与协作等方面表现得更为狭隘、闭塞和落后，从而决定了中国封建社会家庭自然经济带有着生产和消费的封闭循环、自给自足的基本特征。在这种特征的制约下，中国传统家庭首先是一个生产单位、经济实体，其次才是一个消费单位和生育机构。生产与消费相联系，消费由生产所决定。在生产力落后、劳动方式简单的封建时代，在绝大多数家庭食不饱腹、穿不暖身、住不避风雨，连最起码的生存需求都难以满足的情况下，人们所奔忙的是为口活命的饭而奋斗。因此，在广大农民家庭中，"日出而作，日没而息"的世代农耕生活没有发生多大的变化，终年"面朝黄土背向青天"的劳作奋斗没有发生多大变化，累朝"糠菜半年粮"的消费水平也没有发生变化。如此农家曲在农家的院落里流淌了一代又一代，代代如此，岁岁如此。这，就是田园之歌的主旋律。

但是，农家民俗的主旋律却并非如此。

农家民俗的主旋律在于乞求家业的兴旺，生活的小康。在山东、河北、河南等省，皆有过年除夕夜在院子中撒芝麻秆的习俗，民间认为，这象征着农业如芝麻开花节节高。春节期间，我国不少地区都有吃年糕的习俗。年糕的种类繁多，有北方城镇的白糕饦，塞北农家的黄米糕，江南渔乡的水磨年糕，西南地区的糯粑粑，台湾省的红龟糕等。据说，吃年糕的习俗起源于春秋时期，是为了纪念伍子胥而将年糕做成砖形块糕的，并作为年年有余的象征，起名"年糕"。① 除此之外，春节期间的各种活动，无不与家庭团团圆圆，家业兴兴旺旺有一定关系。旧时，每家农户都要供奉天地、财神和灶神，以祈求新年五谷丰登，人畜平安、富贵荣华。甚至，在语言上也有很多忌讳民俗，如不准讲穷、碎、破、不够、死等不吉利的字眼。打碎碗盘，要取其谐音，说"岁岁平安"。包饺子时面不够，需说馅有余；馅不够，需说面有余，并分别意味着在新的一年里蔬菜丰收和粮食丰收等。如此习俗，不胜枚举。人们明明知道在自欺欺人，但为图吉利仍然在自我蒙蔽，因为这是古老祖代传下来的规矩，以至于形成了"大年五更里死了个驴——不好也说好"的俗语。

实际上，这是中国农民的精神支柱。在传统农业社会里，农家的风俗虽然无不随时随地在祈求家业的兴旺，但是，民俗祈求是一回事，而实际又是另一回事。中国的农民，是世

---

① 《中外民俗学词典》，第 223 页，浙江人民出版社 1991 年版。

界上最优秀的农民。他们的勤劳，是那样的令人肃然起敬。为了庄稼的丰收，有山，他们敢移；有海，他们敢填。凭着最原始的生产工具和农民那强壮的体魄，他们平整土地，挖沟修渠，治山治水，用一代代的物化劳动把中国的万里河山治理得锦绣如画。农民的俗语常说："我们庄户人的力气不值钱，只要地里能多收一斤粮，再出十身汗又算什么。"十身汗，挣一斤粮。这就是中国农民的经济学。尽管，这种经济学可能是非理性的，但在中国农民的头脑中却是实实在在的、根深蒂固的。这表明，中国的农民是现实主义者，为了获得可以维持生存的粮食，他们似乎连劳动量的投入应该与食物的获得成正比这样最简单的算术式也不计较、也不明白了。因此，在大旱到来之际，过去农村中才往往出现一幅反差极大的图画：画的一端是老太太在烧香烧纸求龙王，画的另一端是年轻力壮的青年人在挑水抗旱救庄稼。

而且，中国农民的理想又是那样的低水准。农民的家庭经济账，除农民自己无时无刻不在描绘一年的丰收蓝图外，连圣人之类都帮着打算过。孟夫子即说："五口之家，百亩之田。五亩之宅树之以桑，五十者可以衣帛矣。鸡豚狗彘之畜无失其时，七十者可以食肉矣。百亩之田，勿夺其时，数口之家可以无饥矣。"（《孟子·梁惠王上》）如此农民家庭经济账，上上下下算了一代又一代，一下子算了数千年。可见，这是一本不得不算的大账，是一本至关重要的家计民生账。这表明，中国的农民是没有任何奢望的农民，只要能吃上顿饱饭他们便心满意足了。

农民祈求庄稼丰收、家业兴旺的各种民俗事象，最根本的祝愿也在于想吃上顿饱饭。这些民俗事象，负载着农民的梦想，寄托着农民的宏愿。但是，历史的不公平之处即在于它往往否定最纯真最朴实的梦想，击碎最低下最一般的愿望。一代代中国农民都在做着五谷丰登，六畜兴旺，家给人足，丰衣足食的梦。一代代中国农民都在重复着他们的祖先所传留下来的风俗，把高贵的头磕向苍天，把坚挺的腿跪向大地。但是，春旱秋涝，一场天灾到来，眼看到口的粮食随旱而枯槁，随水而漂没。即使老天真正赐予丰收，也还有皇粮国税和铁板租、老年陈账在等待着他们。这样，三下五除二，到头来往往所剩无几。于是，又得糠菜半年粮，重弹那饥饿农家曲。如此希望之梦在中国这块古老的土地上，一年又一年，一代又一代，似不断的流水，年年代代在农家院中流淌。如此悲剧的重演永无终断，使中国的农民饱尝了饥饿的滋味，养就了中国农民勤劳节俭的性格和品质，同时也塑造了中国农民靠希望来养活自己的天赋。

"中国的农民是希望主义者，希望是支持他们活下去并与穷山恶水作拼死决斗的精神食粮。"[1] 在传统社会中，中国农民的希望除体现在他们的家庭经济账之上外，最大量的则包含在他们日常所履行的各种民俗事项中。在胶东一带，农家过年时要在面瓮中、粮囤里放上面食吉祥物，并名之为"神虫"，寓意来年粮食丰收。要在粪堆上插香烧纸，寓意粪多粮丰。要给果树浇上饺子汤，寓意来年果实累累。要在除夕夜为猪、牛、马、羊等喂上一顿可口的饲料，寓意来年六畜肥壮。要在家堂旁供奉当年所收硕大的谷穗、玉米穗、小麦穗等，寓意各种农作物大丰收。要往水井中投放肉食，寓意来年龙王行雨及时，风调雨顺。要在马车、手推车上贴上带有"日行千里"等字样的春联，寓意出门平安。要在粮囤上、箱柜上、水瓮上贴上"福"帖，象征丰衣足食，生活如甘泉甜美。各地春联和年画的主要内容，也无外乎风调雨顺、五谷丰登、国泰民安等有关祝愿。这一些无不表明，一系列企盼丰收的祝福民俗，都寄托着农家对未来的美好梦想。尽管，这种梦想所体现的仅是农民的某种笼统性愿望，但所给农家带来的精神安慰则如一面旗帜，唤起了农民奋起去争取农业

---

[1]《中国粮食忧思录》，第15页，山东大学出版社，1993年版。

丰收，去与穷山恶水拼搏。

在传统社会中，中国农民现实生活的多灾多难和民俗所给农民带来的精神安慰，使农民这个备受磨难的阶级其他事情都可忘掉，唯独没有忘记对赵公元帅的顶礼膜拜。（图10）农民并非是唯物论者。农民本身的苦难更加重了他们对带有迷信色彩的有关农业丰收民俗的信奉和遵从。例如腊八节。腊八节是我国类似于感恩节、农事庆典的节日，最早起源于腊祀百神。在农耕文化诞生之初，我国农民于岁终前拿出各种丰收的果实，敬奉那些曾以各种途径帮助他们的庄稼茁壮成长的神祇。远古居民的一支伊耆氏的奉祀为八个方面，后来泛指百神。在《礼记·郊特性》中还保留了一首伊耆氏腊祭时的祝词："土返其宅！水归其壑！昆虫毋作！草木归其泽！"祝词反映了远古初民祈求百神各得其位，各安其所，保证农业丰收的良好祝愿。伊耆氏开创的农事腊八祭祀习俗，被后代以农为本的人们保存了下来，盛传不衰，并改变了其称谓、做法和民俗含义。时至今日，我国不少地区的民众仍有过腊八节的风俗。在江浙一带，是日，各家要用红豆、黄豆、绿豆、糯米等各色杂粮熬一大锅腊八粥，供全家老小食用，俗称"喝腊八粥"。现在流行的一种说法认为，这是要告诫人们生活节俭，不能粮食丰收了就大吃大喝，坐吃山空，落到贫寒交迫、搜寻残粮度日的境地。虽然，这已是原始腊祭百神的变异风俗，但其深层仍保留了庆丰收、保丰收的本意。如此千古悠悠、一脉相承的现象，说明稚拙古朴的心愿共识是农民世代礼拜赵公元帅的根本性基础。如此心愿共识和农民世代遭受磨难的交互作用，使中国的农民始终也没有抛弃他们头脑中的那个赵公元帅。

图 10　增福财神

　　而农民对赵公元帅礼拜最勤的表现，则在于为夺取全年的农业丰收，保证能吃上顿饱饭，不仅对各种神祇进行祭祀，而且祭祀的次数几乎不可胜计。

　　从民俗所祭祀的对象看，几乎囊括了农事活动所涉及的各种因素，充分表明农民所带有的泛神论特点。农业生产是一种综合性经济，带有着系统工程的特征。农业经济因素不仅包括天、地、人等方面，而且涉及农作物、昆虫、杂草、土肥、工具、牲畜等等各种有生命的和无生命的因素，因而传统时代的农业崇拜对象必然表现为百神崇拜的特征。这一特点在民俗中表现得异常明显。为此，农民祭苍天，祭龙王，希冀老天爷能给他们带来风调雨顺，五谷丰登。农民祭土地，祭山川，希冀大地能给他们带来庄稼茂盛，林果飘香。农民供谷穗，供时果，希冀各种农作物茁壮成长，果实累累。农民供农具，供车辆，希冀各种农业生产工具能帮助他们夺取农业丰收，实现丰衣足食之梦。如此等等，不一而足。（图11）有关农业生产各种民俗所展现的内容说明，农民确是一个泛自然崇拜的阶层，有关农业生产的各种因素都能成为农民心目中的菩萨，成为值得他们礼拜的赵公元帅。

图11　天地全神

从民俗所祭祀的次数和频率上看，更能反映农民礼拜赵公元帅"最勤"的特征。自新年初一开始，民间即有"头鸡、二犬、三猪、四羊、五牛、六马、七人、八谷……"之说，以那一天的天气是阴还是晴来断定新的一年里家人及家畜家禽、农作物的状况。到正月十四日，又有"头灯芝麻末灯粟，收了中灯喝粘粥"之类民间俗语，即以元宵节期间家家所挂红灯笼之际是否有风来预测一年各种农作物的收成情况。如此民俗活动，几乎天天都有，一年到头不断。尤其是关键性农活开始之际，民俗活动得到格外的重视，有的甚至成为一种节日。如河北、山东一带，每当小麦开镰收割之前，农家都要赶集上店，割肉买鱼，做顿丰盛的午餐，名之曰"祭镰"。如此生产性动员的民俗在少数民族地区亦有存在。如流行于拉萨、日喀则等农业区的"望果节"，即在农作物成熟之际举行，此民俗表示祈求农业的丰收，同时也是农忙前的生产动员。① 类似这种在全国各地普遍存在的民俗，随时随地都可以看到。这表明，在传统社会中，难以果腹的中国人为求得丰衣足食，在付出自己的全部辛勤的同时，也无时无刻不在求取上苍的保佑。

中国民俗稚拙古朴，神秘奇异。中国民俗不仅打扮了中国人生活的五彩缤彩，而且规范了中国人的某些行为。在这方面，某些生产性民俗具有着明显的实用性功能。例如农村的春社和秋社。春社一般在春分前后举行，意在求神，万物更新，播种丰收；秋社在秋收之后举行，意在谢神。有关农

---

① 陶立璠：《民俗学概论》，第 191 页，中央民族学院出版社 1987 年版。

事的两社祭祀活动在中国起源甚早，应用广泛。《诗经》中即有春社用羔羊和韭菜进行祭祀的记载。此风俗历汉唐，越宋元，至明清而不断，陆游即有"太平处处是优场，社日儿童喜欲狂"的诗句。如此民俗，既是迎神娱神，也是唤人娱人，在告诉人们什么时候该种庄稼，什么时候该收庄稼的同时，也告诫人们神已请过了，大家也娱乐过了，剩下的该是自己好好干了，或者是认真总结一下，振奋精神，争取明年有个好收成。可见，这类民俗完全是从生产的实际需要出发，在传统农业社会中是曾发挥过重要作用的。

如果，脱去有关农业生产民俗的神秘外衣，即可看到，在传统社会中，中国农民那样频繁地礼拜赵公元帅之中，既蕴藏着生活的艰辛对他们的沉重压抑，又流露着农民这个阶层的淡淡愚昧；既存在着他们对生产劳动实践的久远回忆，又体现着他们对现实生活的美好祝愿。这确是一种带有五味瓶色彩的社会事象，反映的即是民俗这种原生态文化所具有的综合性质的特征。

这就是农民对赵公元帅礼拜最勤的特色，一种综合性文化事象所具有的根本性特色。

(二)"我耕田来你织布"

黄梅戏确是中国人喜爱的一个剧种。如果说中国人喜爱黄梅戏那优美动听的旋律,还不如说中国人更喜爱黄梅戏某些剧目所具有的优美唱词。对于大多数中国人来说,他们之所以能喜爱上黄梅戏,恐怕是黄梅戏《天仙配》中董永和七仙女那段亲切而优美的唱词:

> 树上的鸟儿成双对,
>
> 绿水青山带笑颜。
>
> ……
>
> 我耕田来你织布,
>
> 我挑水来你浇园。
>
> ……

这段唱词不仅道出了天上人间恩爱一对的佳话,而且设计了这对恩爱夫妻所建立的家的美好未来。如此对美好未来"家"的设计,既是传统社会广大农民心愿的一种反映,也是对传统家庭自生经济特点的高度概括:男耕女织。

一衣一食,情系千家万户,是人类生活必然要依赖的物质基础。中国的传统经济是以农业为主体、以一家一户为单位的自给自足的自然经济。这种经济所造成的家庭自然经济是以生产食物的农业为主业、以生产衣被材料的手工纺织业为副业作为特征的，其核心功能在于保障家庭全部人口的吃饭穿衣这个首要的问题，从而导致了整个社会呈现为"耕稼纺绩，比屋皆是"的格局，以及由此而形成的男耕女织经营模式。

虽然传统的小农经济的生产方式是家庭小规模的男耕女织，但这却是整个社会性的全面分工。如此社会分工，有着悠久的历史，其源头应追溯到原始农业诞生之初。当农耕文化被发明而成为人类生活的一种主要内容之后，"当种植业经济占有主导经济地位时，比较经济利益规律会将男子从渔猎业吸引到种植业中来"。① 因此，在类似能储藏十三万斤粟的磁山遗址，很难想象男子的大部分时间还去从事渔猎活动，而此时我国的社会形态已进入新石器时代早期阶段的母系制社会。这表明，男耕女织的社会性分工自定居生活开始后的母系制时代即已经出现了。

只是，在母系制时代，男女之间的劳动分工还仅仅表现

---

① 《中国农业史》第114页，警官教育出版社1996年版。

在劳动过程中的单纯性分工，还没有附加和升华到男女之间在人格上的不平等。因此，在这一历史时期，男耕女织更多地表现为一种纯朴的民俗事象，呈现为一种单纯男子从事田野耕作，女子从事家内劳动的社会风俗而已。这种"自发地或自然地产生"的社会风俗，使当时的社会仍然在女性的统御之下，男性只能追随和依顺女性，整个社会仍然属于女性的黄金时代。

但是，"凡在社会生产中起主要作用并掌握主要生产职能的阶级或社会集团，经过一些时候必然成为这种生产的主人"。① 当男性在儿女生育中的作用被发现之后，人类的所有理论体系开始向男性倾斜，并最终将女性的社会地位排挤出思想界。此后，男子在经济生活中的主要作用才在思想领域中得到了充分的体现和肯定，男子在成为"这种生产的主人"的同时，男耕女织也被赋予了新的民俗内涵而打上了男尊女卑的烙印。

在漫长的有阶级社会中，男耕女织风俗经过一代又一代统治阶级的粉饰打扮，形成了一系列内容而生发出新的风俗。

---

① 《斯大林全集》第 1 卷第 310 页。

如传统重农思想中的"四民定居"、"驱民归于农"等，不仅进一步强化了中国农民的乐土重迁、"天下三百六十行，庄稼最为先"等思想意识，而且使男子从事于农业生产带有了某些强迫性色彩。对于女子来说，传统礼教所允许女子从事的主要生产劳动则仅有"学女事以供衣服"（《礼记·内则下》）一项了。因此，女红的好坏，成为女子能否持家的主要衡量标准；而平民男子的勤勉与否，则成为男子能否养家餬口的主要评论依据。

基于男耕女织的长期存在，中国传统社会形成了一系列风俗习惯，充分体现了中国人的某些传统意识和传统心理：

家庭教育的男女有别意识。俗话说："男有男行，女有女德"；"男不男，女不女，那像个正经孩儿家"。可见，对男女在行为、性格、职业等各方面，在古代是有着不同的标准的。为此，各种风俗围绕男女有别的观念，从孩子降生那时起即开始了不同的培养方式和内容。懂事之后，男孩即教他如何种地，如何从事其他活动。而女孩则被圈在家中，教她如何织布、如何做衣、如何做饭等家务活。中国古代虽规定了"子不教，父之过"，没有讲"女不教，母之过"，但实际上女性在家庭中所接受的生活教育往往大大超过他们的异性兄弟，而且这些生活教育大都是由母亲直接耳提面授的。过去，贫苦人家除教女孩子纺纱织布、裁衣绣花外，还教以贞孝守节等。即使富贵人家的女儿，除诵读一些诗书外，也教以绣花裁衣、描龙绣凤之类的女红。因此，不论是大家闺秀，还是小家碧玉，凡是女孩都能学得一手好针线，即如汉乐府所唱的那样：

> ......
>
> 十三能织素，
> 十四学裁衣。
> 十五弹箜篌，
> 十六诵诗书。
>
> ......

男主外女主内意识。男耕女织家庭自然经济特征，造成了这种经济形态的两大支柱，即男子在田野中耕种以得到全家赖以活命的粮食，女子在家中纺绩以解决全家得以御寒的衣物。有了口粮和衣物，全家人即可以其乐融融地生活下去。因此，男子在外忙碌劳作不仅成为一种最为重要的社会现象，而且成为传统时代民间美术宣扬的主要题材。（图12）这样，在外劳作的男子便成为这个家庭与社会打交道的主宰和代表，而在家操持家务的女子便成为家庭生活的主要计划者。这种状况不仅导致了男女在社会上的地位的不同，也导致了"男主外，女主内"意识的产生以及众多民俗现象的出现。如俗语称丈夫为"外头""当家的""掌柜的"等，反映了男子是家庭的主宰，无论家中或社会上的大事都要由男子来决定。而俗语则称妻子为"家里""内当家的""屋里头的"等，体现着妻子在家庭中的地位。至于丈夫与妻子的关系，正如俗语"内助"一词所体现的，妻子在传统伦理观念中永远是丈夫的附庸。丈夫与妻子的这种关系，是由"男耕"在家庭经济中占主导地位，"女织"仅是"男耕"的辅助性经济所决定的。实际上，丈夫和妻子在家庭经济生活中的理家才能是绝不可能以性别而论的。因此，当女子才能强于男子之际，便产生了"怕婆子""惧内"那样众多的笑话，以及为这种现象辩护的俗语："怕婆子，骑骡子，家里富得能铸金砣子。"

图12 男十忙

重视土地意识。土地是农业的主要生产资料，是"男耕"的唯一场所。而"女织"则是农产品的进一步加工，是"男耕"劳动成果的升值所在。没有"男耕"为基础和前提，"女织"则不可能得到开展和进行。因此，土地是农民的命根子，也是那些不侍候庄稼的贵族和地主赖以花天酒地的根本。男子以种地为业，全家靠土地生活。土地对于农民来说，是资产的象征，也是护佑他们的神灵。因此，自农耕文化诞生之后，便形成了众多的土地崇拜民俗。在我国各类神庙中，土地庙占有绝大多数，过去几乎每个自然村都有一个。在北方农业区，以往除夕清晨的第一个行动便是各家各户到土地庙去供奉，祈求土地神能给他们带来个好年景。新麦登场之后，蒸好的第一锅馍也要到上地庙去供奉，意为让土地神"尝新"，感谢土地神的养育之恩。农家有新生儿出世，还要到土地庙去供奉，意在告诉土地神，家中又添丁进口。农家有人去世，还要到土地庙去祭奠，意在希望土地神保护逝者灵魂的平安。如此各种风俗所包含的主要内容，即是保护每一方水土的土地神，不仅主宰着农业的丰收，而且主管着这方水土上各家的平安。（图13）从这种风俗中，不仅可以看到农民希望家道兴旺的强烈愿望，而且可以看到土地对于农业生产和农民生活的至关重要了。

图13　男神"后土"

土地与农业、农民三位一体，密不可分。但是，土地是不可移动的。因此，以耕种土地为生的农民也只能像土地一样，世代劳作在他们祖先所占有的那块土地上。如此"男耕"的不断重复，不仅造就了中国人乐土重迁的秉性，而且形成了中国人向土地无休止地投入劳动，以改良土壤生产能力的农耕文化特点，从而产生了一些中国人所特有的"男耕"文化风俗。

房居建筑的重视。房居是个地理环境、经济生活、信仰观念等综合因素的产物。经济生活对于居住形式有着重要的直接影响，这在一般农家表现得尤为明显。传统农家房居，既是一家人居住之所，也是庭院经济的开展之地。养蚕、纺线、织布和制衣在房居之中，喂养家畜家禽也在房居之内。因此，猪圈、牛棚和鸡窝等建筑设施便成为民居不可缺少的组成部分。房前屋后，还可以种菜植树。这样，就形成了自古以来即为人所重视的庭院经济。对此，孟子等人就曾描述过。我国平民的房屋结构基本是一明两暗式，无论有无东西厢房和南屋，大都环一院落，从而形成了一家独立于社会的生活空间。在这一空间内，被称为"内人"的妻子辛勤地操劳着一家人的吃和穿，在成为丈夫养家糊口重要帮手的同时，也将母爱撒满了农家院落。

家庭观念的盛行。家庭是每个人出生和成长的地方。当一家人按照长幼尊卑次序围坐在饭桌前，同从一口锅里盛饭，都从一只盘里夹菜之际，不仅伦理观念逐渐地渗透到人们的脑海深处，而且也逐渐养成了承担家庭义务的意识，增强了家庭的凝聚力。男耕女织所形成的家庭自然经济有着极大的自给自足性，从而导致了传统家庭的封闭性，以及家庭成员对于家庭的依赖性等特征的存在。因此，"关起门来朝天过""鸡犬之声相闻，老死不相往来"便成为小农社会的主要特征。在这样的家庭中，"父母在，不远游，游必有方"，（《论语·里仁》）便成为一条封建礼教的戒律。守护在父母身边，男子掌管家业，女子掌管家务，侍候父母，抚养后代，这是传统家庭的道德规范。社会舆论对闯荡江湖的人没有好感，社会心理也认为"在家千日好，出门一时难"。只身在外总感到孤苦伶仃，有着无穷的乡思之情。即使离家在外谋求个人事业的发展，也要落叶归根，或在临老之前回到阔别多年的故乡，或于死后将尸骨归葬家族墓地。中国人所具有的如此强烈的家庭观念，导致了众多风俗习惯产生的同时，也使中国的家庭文化显然与欧美有着极大的差别。

勤俭持家意识的浓厚。男耕女织虽是中国传统家庭经济的两大支柱，但是，由于各种原因的存在，无论"男耕"，还是"女织"，都处于异常艰难的地步。因此，类似"男子力耕不足粮糗，女子纺绩不足衣服"（《吕氏春秋·上农》）等记载不绝于古代文献，表明中国的农民自古以来即处于衣食紧缺的状态之中。为了保证一家人能够活下去，传统家庭的支撑者除更加勤奋外，就是尽量地压缩家庭开支，从而使一般百姓的家庭世代过着粗茶淡饭、简装短束的清贫日月。自春秋时代起，人们即认为："俭，德之共也；侈，恶之大也。"（《左传·庄公二十四年》）到明清时代，人们仍然在提倡："常将有日思无日，莫待无时想有时。"（张居正：《看详户部进呈揭帖疏》）。如此提倡的结果，使中华民族成为了一个崇尚俭朴的民族，"食无求饱，居无求安"成为传统美德，酒肉奢华历来为人们所不齿。同时，也养成了"巧妇难为无米之炊"时的巧做习惯，从而形成了独特的中国饮食文化。中国饮食素以原料丰富，烹调技艺高超而著称。凡是天上飞的、地上跑的、水里游的、田里长的，中国人没有不吃的。凡是各种食物，无论其原料如何，中国人皆能烹调出色、香、味、形俱佳的食品。如此饮食习俗的形成，与中国平民在漫长的传统时代世代缺乏食物不无一定的关系。至于衣着，人们永远也不会忘记"慈母手中线，游子身上衣"中所包含的母爱，更不会忘记类似七仙女那勤劳、善良的"织女"形象的动人传说。这种勤劳俭朴的美德，教育和熏陶着一代代中国人，形成了独特的中华文化传统。

男耕女织，是一首田园诗，清新而芬芳；"我耕田来你织布"，是一曲农家颂，古朴而深奥。男耕女织这首农家乐，奠定了中国传统经济大厦的基础，也垒筑起中国传统民俗圣殿的台基。

（三）士农工商，比比世家

"世家"一词，在字典中是这样解释的："旧时泛称门第高、世代做官的人家。"[①]

其实，不如有的学者所说的，"世世代代同操一业，同施一技"的人家，即是"世家"[②]，显得更加全面和正确。照此说法，按照传统社会对于人们身份的习惯性划分，古代中国社会的世家主要有士农工商四大类。

在这四大类世家之中，数士者世家最为荣耀，数农者世

---

① 《辞海》缩印本第 37 页，上海辞书出版社 1979 年版。
② 邵伏光：《中国的婚姻与家庭》，第 145 页，人民出版社 1989 年版。

家数量众多，数工商者世家种类繁多。而这不同类型的世家，各有各的风俗，各有各的规范，充分显示了中国家庭民俗的丰富多彩特点。

家庭的兴旺和延绵，取决于后代的成长及其素质。古往今来，中国人望子成龙、望女成凤的心情与日俱增，风气也愈演愈烈。家长总是甘作铺路的石子，牺牲自己的一切以培育后代，企图让后代继承自己的衣钵，完成自己的未竟事业，继往开来以光宗耀祖。

在这方面，著名史学家司马迁的家族即可作为一个代表。司马迁的远祖即为周朝的太史，至父亲司马谈仍为太史公。当司马谈抑郁得病弥留之际，痛哭流涕，攥着司马迁的手，说了一段感人肺腑的话：

"余先周室之太史也。自上世尝显功名于虞夏，典天官事。后世中衰，绝于予乎？汝复为太史，则续吾祖矣。今天子接千岁之统，封泰山，而余不得从行，是命也夫，命也夫！余死，汝必为太史。为太史，无忘吾所欲论著矣。且夫孝始于事亲，中于事君，终于立身。扬名于后世，以显父母，此孝之大者……自获麟以来四百有余岁，而诸侯相兼，史记放绝。今汉兴，海内一统，明主贤君

> 忠臣死义之士，余为太史而弗论载，废天下之史文，余
> 甚惧焉，汝甚念哉！"（《史记·太史公自序》）

这段临终前的遗嘱，道出了一个老太史公的遗憾，也对未来的新太史公提出了希望，还说出了中国传统家族主义文化的核心：孝。后来，司马迁即是遵循着其父的嘱托，历经磨难而不屈，终于著成"究天人之际，通古今之变，成一家之言"的史学巨著《史记》。两代太史公，成就一部史学巨著，可见家学对于人才成长和古代文化发展的重要。

在传统社会中，能够出人头地，光耀门庭的唯一道路即是"学而优则仕"。因此，仕途晋升便成为上自大族高门，下至平头百姓为之奋斗的事业。读书成为中国人梦寐以求的事情。但是，传统社会的中国人，用心读书并不是"为了避免成为不中用的人"[1]，而是有着不可告人的庸俗功利主义目的。这就是流传多年的俗语所说的："书中自有纱帽乌，书中自有黄金屋，书中自有颜如玉。"可见，求官，求财，外加求美人，这才是庸俗的中国人发奋读书的目的。如此世俗观点，比起司马迁父子来，实应自惭形秽了。

---

① 〔尼日利亚〕哈吉·阿布巴卡·伊芒：《非洲夜谈》（下）第4页。

封建礼教对男子作了一系列规定，设计了男性的一生旅途："十年，出就外傅，居宿于外，学书记，衣不帛襦裤，礼帅初，朝夕学幼仪，请肄简谅。十年有三，学乐，诵诗，舞勺，成童舞象，学御射。二十而冠，始学礼，可以衣裘帛，舞大夏，惇行孝弟，博学不教，内则不出。三十而有室，始理男事。博学无方，孙友视志。四十始仕，方物出谋发虑，道合则服从，不可则去。五十命为大夫，服官政。七十致事。"（《礼记·内则下》）很显然，这种设计只适应于贵族大家出身的公子、少爷，一般平民百姓的儿子是不可能外出求学，衣裘帛，舞大夏的。至于女子，本身即没有受教育、学文化的权利。因而即使大家闺秀，也只能读些《女诫》《女训》《女学》之类的书籍，自然不可能"学而优则仕"了。

何况，古代极重家学。东汉时代，累世公卿的出现，即与大家贵族对于经学的垄断有关。因此，即使后世这种家族垄断经学的现象有所松弛，一两个平民子弟也可以通过自己的苦读而在科举道路上有所成就，但充其量不过如同吴敬梓《儒林外史》中所描述的范进一样，中了个举人便高兴得疯了起来，对于社会是毫无一点用处的。

更何况，中国的家学很讲究其子弟道德品质和人格的培养，极力提倡"修身，齐家，治国，平天下"人生抱负的实现。因此，在此家教熏陶下成长起来的后代，即使学有成就也往往因为进入仕途后不愿染上官场的铜臭而落魄失魄，最终只得自命清高而孤芳自赏，导致了真正能成为治世之能臣的屈指可数。实际上，古代学者以清高自命的风气盛行，只不过是无可奈何之后的一种自我安慰的反映。

这既是传统时代"学而优则仕"的悲哀，也是中国传统家学的悲哀。

更为悲哀的是，那些一心望子成龙的父母，在他们培育子女的理想破灭之后。不得不把眼光放到严酷的现实中来，教他们走自己已经走过的痛苦的路，为农为工或为商，以求有能养家糊口的一技之长。

大凡世界上的事情即是如此，凡是数量众多、满目皆是者，往往最容易懂，一般不需要投入太多的精力去学习，去掌握。在传统社会，中国的农民最多，农业种植最为常见，因此，农业技术也最容易学。加之，传统农业生产技术处于低水平的经验农学阶段，一看就懂，一学就会。因此，世世代代为农的农民，种地技术的传授一般靠子女的自小熏陶，以自我见习的形式便可掌握父辈所拥有的全部生产经验。因此，农家的俗语说："庄稼活是力气活，力气换来农家乐"；"庄稼活不是三篇文章，无师自通能会做。"在这种情况下，一般农家的习俗是，一旦孩子能下地，即成为父母的帮手，扶耧撒种，推车挑担，几年目睹，到青年时即能出脱成一名像其父辈一样的种田能手了。因此，农家教子务农，主要侧重于对孩子的勤劳本色的教育，使孩子自小即养成勤劳俭朴的持家性格，为家庭的未来打下一个良好的基础。

从事有一定技术的手工业生产的家庭则不然了。在手工业家庭之中，技术的传授要有一定的仪式和程序，有的技艺传授甚至要经过一定的"拜师仪式"。一般性手工业，如木匠、铁匠等，儿子学习父辈的技艺，要如同学徒一样，要先做粗活，后学细工。这样的技艺虽没有什么特别精致之处，但由于为大众所广泛需要，再加之家庭传统所使然，因而往往能形成一些誉满乡里的木工世家、铁匠世家等。因此，在农村中，人们习惯于以"木匠家""铁匠家""油坊家"等来称呼这样的家庭，至于用其真正大名来称谓者则不多。

有的怀有绝技的家庭，甚至在技艺的传授上有一定的祖训。通常的惯例是：传男不传女；传长子不传他子；传儿媳不传女儿。而且，这种具有秘诀和奥妙专长的技艺，往往是

拥有技艺的长辈在去世之前传留给下代人，以防这种技艺的
扩大和外传。因此，这样的绝技，不仅大都是能确保这个家
庭能世代有一个较好生活的保证，而且其传授方式能确保这
个家庭世代同操一业，同演一技，保证了其家庭生活方式、
生产方式的稳定不变，世代相袭。如此传授技艺的方式，在
古代多表现在药剂制作等方面，这不仅导致了中医药众多的
祖传秘方的存在，而且导致了大量中医世家的出现。据说，
诸葛亮在其病逝时曾嘱咐后人："不为良相，即为良医。"其
后代遵从诸葛孔明的嘱托，世代为医，至今在浙江兰溪市仍
在从事中医工作，屈指算来，已有1700余年了。

　　至于商业世家，则没有什么绝技传授可言，因而这类世
家的延续主要靠其财力和其后代的经营能力为依据。这样，
就决定了从事商业的家庭教育，主要在于着意培养其子女的
会计、营销等商业知识。除此之外，即是努力积累钱财，或
交通官府，为后世谋点功名；或投资土地，为后世建不败根
基。因此，传统社会中的中国商家，大都走了一条"以末致
富，以本守之"（《史记·货殖列传》）的道路，成为商人兼地
主的世家。

　　除士农工商等类世家之外，传统社会中还存在着一些以

不同行当而形成的少量世家，如武术世家、绘画世家、杂技世家、梨园世家等等。这些世家同样凭借着一技之长而维系着家庭的发展和延续，在技艺的传授上也有着严格的规定和程序。如山东潍坊寒亭区杨家埠杨同科家，自祖上起即以雕刻印制年画和扎制风筝为生，其家采取技艺传男不传女的方式，到杨同科这一代已传授了5代。新中国成立后，杨家埠年画和风筝扎制工艺几乎断绝，幸得90余岁的杨同科老人传授，杨家埠年画和潍坊风筝艺术才得以发扬光大。

虽然，士农工商，比比世家，有的世家还与同行世家相联系，组成了一些比家族范围更大的社会组织，形成了什么社党、行会之类的派系，但是，这些社会组织仍没有超出家族本位，都是人们习以为常的家族体制的自然模拟。

在传统社会的士农工商四大行业中，最没有什么行业组织的是士人世家。在我国漫长的封建社会中，参入朝政的士人和学子虽因政见和学识的不同也曾结成过不同的社党，如东汉末年的党人，唐代的牛党李党，北宋的新党旧党，明代的东林党等等。但是，士大夫的朋党活动，其精髓不外乎宗派主义、山头主义与门户之见，远不能和近代出现的结构比较健全的政治团体相比。因此，一旦时移境迁，朋党便如鸟兽散。这表明，士大夫确是传统社会中最为松散的一个阶层。他们以个人的身份依附于统治阶级，彼此之间缺乏共同的利益。因此，士大夫"文人相倾成习"，士人世家也只能以"书香门第"而自誉。

倒是世代为农的农家还有可能联结成某种集团。但是，农民的社会行为和理想蓝图不可能摆脱旧有的家族模式。他们联结的方式也只能仿效家族的结构，小则有常见的结拜兄弟之举，大则有农民起义的结盟。此种联结方式，在传统中国农民起义的最高峰太平天国运动中得到了集中体现。这次起义的蓝图，仍然是"四海之内皆兄弟""天下一家"之下的"有田同耕，有饭同食，有衣同穿，有钱同使，无处不均匀，无人不饱暖"的人间乐园。① 有的外国人翻译中国名著《水浒传》，即将书名译为"四海之内皆兄弟"，可谓是抓住了中国农民组织和农民心理意识的精髓。

在传统社会中，士农工商四类世家能有一点职业集团组织性质的，当是工商两类世家。不过，工商世家的联系方式仍没有超脱家族的羁绊。中国的商业性行会组织，大概自唐

---

① 《太平天国》第 1 册第 322 页。

代已经形成。唐代行会不仅行内自相分别，而且自成社邑。这种状况至宋元明清时代依然。因此，"传统的行会只是商人之间松散的团体，无固定的聚会场所，不过凭行以示区分而已"①。至于明清时期出现的会馆，则是一种同乡会性质的组织，夹杂有较多的政治性内容，只有商人会馆，才具有一定的协调同行业的性质。因此，工商业世家的行会组织，实际上仍是一个作坊、一家店铺的分散性经营。彼此之间不仅没有多大的经济联系，相反却以邻为壑，以致形成了"同行是冤家"的俗语。

即使在师承关系上，工商业世家的行会组织也模仿了家族世系。艺徒伙计对师傅以"师父"相称，俗语认为："师徒如父子""一日为师，终身为父"。对师父的师父，艺徒称"师祖"，对师父的妻子则称"师母"或"师娘"，师父的孩子则以兄弟姐妹相称，艺徒之间以长幼、从师先后为序，称以"师兄""师弟""师姐""师妹"等。而且，各种行业皆有自己的开山鼻祖作为祭祀神予以供奉。如木匠、瓦匠之家供奉鲁班，裁缝之家供奉轩辕黄帝，剃头匠之家供奉吕洞宾，郎中和药

---

① 陈宝良：《中国的社与会》第219页，浙江人民出版社1996年版。

铺供奉药王孙思邈，画匠之家供奉吴道子，商人之家供奉赵公元帅等。（图14）如此风俗，如同家族称谓和祖先崇拜一样，世系分明，谱系清晰，带有浓厚的家族本位色彩。

图14 药王 孙思邈

如此世家风俗，必然导致师承关系的强制性和技术的封闭性、保守性。甚至，后世对于先辈技术的某些改革，亦被认为是大逆不道，有辱祖先，败坏家风。据说，霍元甲家中的霍家拳有一秘诀只传长男而不传其他人。霍元甲的父亲因居长而得到霍家拳的秘诀，后来，此秘诀传给了霍元甲的长兄。霍元甲被父兄强迫学习霍家拳，并且博采众家之长而创造了迷踪拳。但是，霍元甲的父亲认为他背叛了祖宗之法，有辱门庭，不仅将他逐出家门，而且勒令他拜叔父为师。对此，霍元甲大惑不解，至死为憾。这表明，强调家庭技艺既不外传也不外学，永葆家族本色，后世永远重复先辈的技艺行为，同样是比比世家的一种家风。

尊祖宗之训，守祖宗之法，走祖宗之路，古往今来，世移时易，但家风无变化，家业亦无变化，永远是"祖传秘方"，永远是"只此一家，别无分店"。这，既是比比世家的悲哀，也是中华民族的悲哀。

五　行为复印机

　　行为民俗是民俗的重要组成部分之一。家庭行为民俗因受到家庭环境的影响而与社会民俗有着不同的特色。在传统社会中，由于受封闭性、自给自足性家庭自然经济的限制和决定，家庭行为民俗表现为千年一贯性，如一潭死水，无流动、无变化，世世代代在重复着同样的动作，体现着同样的意识，展示着同样的风范。

　　田园风光是美丽的，农家院落是静谧的。这美丽，这静谧，其中即含有传统家庭行为民俗世代无所变化的苦涩和酸楚。

（一）"养不教，父之过"

　　端蒙养、重家教是中华民族的优良传统。传统启蒙教本《三字经》中一语"养不教，父之过"，道尽了家庭中作为父亲不仅要养育子女，更应把"教育"子女作为义不容辞道德义务的真谛，可谓言简意赅，语意深刻。也正因为如此，中国传统家庭中极其重视对子孙的教育。历代家训、家范、诚子书等所在多有，种类极其繁多，内容更是芜杂，包括父祖对子孙、家长对家人、族长对族人的训示教诲，还有夫妻间的嘱托、兄弟间的诚勉等等，其内容则大致集中于伦理与道德的教化。所谓"教家立范，品行为先"（《孝友堂家训》），正是言此家风家俗。

中国家庭教育的传统源远流长。早在三千多年前西周时代，周公就曾告诫儿子伯禽修养德行，礼贤下士，勿恃位傲人。《论语》中载有孔子教育儿子孔鲤"学礼"的故事。秦汉以降，以家庭伦理道德教育为中心内容的家训、家范，精品迭出，其中影响较大的如诸葛亮的《诚子书》；晋代嵇康的《家诫》；南朝颜延之的《庭诰文》；宋代司马光的《家范》《涑水家仪》；陆游的《放翁家训》；袁采的《袁氏世范》；明代高攀龙的《家训》；吴麟征的《家诫要言》；清代孙奇逢的《孝友堂家训》《孝友堂家规》；朱柏庐的《治家格言》；曾国藩的《家书》等等。其中尤以北齐颜子推《颜氏家训》影响最大，它对治家修身、求学处世等问题进行了系统的论述，成为我国封建时代第一部完整的家庭教科书。著名文学家欧阳修幼年之时，母郑氏以荻划地教其读书，传为千古美谈。（图15）

这诸多的家训、家范，一旦形成，就在家庭乃至整个家族中世代相传，家人皆以此为傲，代代遵循不懈。家长也往往在儿女尚未离襁褓之时，就开始依此施教，耳提面命，殷殷劝诫。及至儿女长大成人，结婚生子，就会重复父辈对己教育的过程。如此周而复始，就如同复印机一般，把家庭中人的行为、修养等方面，教化得如出一辙。

图15　欧阳修母教子

传统家庭中对子女的教育在习俗上大致以伦理道德及品行的教化为中心，其内容则涉及立身处世的各个方面，兹分述如下：

(1) 孝亲敬长，睦亲齐家

与传统伦理所倡导的"以孝为本"的忠孝观念及"修身齐家治国平天下"的伦理思想相适应，传统的家庭教育十分重视孝亲敬长、睦亲齐家的重要性。孙奇逢《孝友堂家训》认为，"父父子子、兄兄弟弟、元气团结"是"家道易隆"必不可少的条件。范质《戒从子诗》开章明义："戒子学立身，莫若先孝悌。怡怡奉尊长，不敢生骄易。"司马光在《司马温公家范》中更深刻地指出，血亲关系是家庭得以维持的基础，它如同一条纽带紧紧地将家庭中人联结在一起，因而"亲亲"就成为家庭伦理的根本，也是处理家庭关系的最基本原则。他在《涑水家仪》中提出，小孩从"呀呀"学语时，就应教导他们孝亲敬长：

> 子能言，教之自名及唱喏万福安置。稍有知，则教之以恭敬尊长。有不识尊卑长幼者，则严诃禁之。

另外，在日常举止上也有诸多详细规定，如"子孙饮食，幼者必后于长者，言语亦必有伦"；"子孙受长上诃责，不论是非，但当俯首默受，毋得分理"。(《郑氏家范》)可见年幼的子孙不可冒犯顶撞尊长，尤其不得太过享受，凡事都要礼让尊长，以见孝敬之本义。

(2) 治家谨严，勤劳节俭

齐家是与治家紧密相关的，而勤劳节俭则是治家的重要环节。遍览历代家训，不论豪门显贵，还是普通百姓，其中没有一个是教子孙奢侈浪费的。在家庭教育的习俗中，家长无不谆谆告诫子女要勤俭持家。清代许汝霖针对当时的奢靡之风，在家训中分别规定了"宴会""衣服""嫁娶""凶丧""安葬""祭祀"等几个方面的礼仪及标准，其目的是力求既合乎礼节又节俭。如他要家人衣着朴素，来客时中午只以"二簋(guǐ音鬼)一汤"招待，婚嫁、葬祭要一切从俭，不许"鼓乐张筵"，将省下的钱济孤寡、助婚丧、立家塾。(参见《德星堂家训》)宋代司马光认为治家之道应"制财用之节，量入以为出……裁省冗费，禁止奢华"。(《居家杂仪》)在历史上，一些勤俭持家的典型都成为人们家庭教育的教材。如春秋时代鲁国文伯之母敬姜在儿子贵为鲁相之后，仍坚持纺织不辍，认为此乃妇人居家的天职，即使富贵了也不可怠忽，这成为鼓励后人勤俭持家的典范。(见《国语·鲁语》)

(3) 进德修身，力戒恶习

传统家庭中对子女的教育尤其重视德行方面。开帝王家训先河的周公就曾告诫儿子伯禽应加强道德修养，礼贤下士；要求侄子周成王做到"无淫于观、于逸、于游、于田"。（《尚书正义》）许多家训都告诫子女要知错能改，"有过不能改，知贤不能亲，虽生人世上，不得谓之人"。（邵雍《诫子吟》）号称"天下第一家"的孔府，修建"忠恕堂"，以便让世代子孙由此记住先祖孔子学说的"忠恕"之道。府中的"安怀堂"则是为了使子孙们从潜移默化中养成"老者安之，朋友信之，少者怀之"的品行。更惹人注目的是孔府宅门里前上房的影壁墙上有一彩色图画，绘一貌似麒麟而又不是麒麟的怪兽。孔府人称这是天界中的神兽，生性如饕餮（tāo tiè 音涛帖），贪得无厌，名为"獭"。"獭"的周围，画满珍宝，传说中八仙过海的各色法器已尽归其所有，它还不满足，仍张着大口，要吞吃太阳。把这幅奇特的画画在如此醒目的位置上，目的是要让家庭中的人时刻提醒自己不要像"獭"那样贪得无厌。这一切都反映了孔府对子女的家庭教育，尤其是德行教育的关注。

（4）立志清远，励志勉学

激励子弟勤奋学习，立大志、成大器也是家庭教育的重要内容。诸葛亮著名的《诫子书》就谈到志与学的辩证关系："非学无以广才，非志无以成学。"事实上，在中国的传统伦理中，"修身齐家"与"治国平天下"总是紧密联系在一起的。"家齐而后国治"（《大学》），"学成文武艺，卖与帝王家"这类思想深入人心，因而传统家庭中几乎毫无例外地鼓励子弟勤奋学习。一些家训中还有许多治学方法的介绍，以便让家中子弟通过对长辈学习中经验教训的汲取，从小养成良好的学风。

（5）审择交游，远佞近善

传统家庭中的家教还充分注意到了社会环境、友邻品行对子弟成长的重要影响而谆谆教诲他们交友要慎重。《三字经》中所言"昔孟母，择邻处"的著名故事已久为人们所熟知，其中正是揭示了这个道理。宋代著名理学家朱熹在给长子的信中曾告诫儿子要交"敦厚忠信，能攻吾过"的"益友"，而不要交"谄谀轻薄，傲慢亵狎，导人为恶"的"损友"。

（6）宽厚谦恭，谨言慎行

传统家庭往往自诩"忠厚"传家，在对子女的教育中也大多要求为人宽厚、谦恭。张履祥在家训中说："子孙以忠信谨慎为先，切戒狷薄，不可顾目前之利而妄他日之害，不可因一时之势而贻数世之忧。"(《杨园先生全集·诫子语》)在缺乏民主的封建制度下，人人自危，明哲保身，不求有功、但求无过的处世之道深植人心，因而谨言慎行，明哲保身，深自韬晦的诫言也就必不可少。朱熹诫子"不可言人之恶及说人家长短是非"(《晦庵先生朱文公文集·与长子书》)，就连明代高攀龙这个不畏权贵的东林党领袖也反复告诫家人"言语最要谨慎，交友最要审择。多说一句不如少说一句，多识一个人不如少识一个人……人生丧家亡身，言语占了八分。"(《家训》)

(7) 贵名节，重家声

重视名声，讲究操守，倡导良好家风是传统家庭教育的重要内容。颜子推的《颜氏家训》开篇即述及重视家风问题，并以"吾家风教，素为整密"自傲。

(8) 淡泊名利，平和处世

传统家庭在训诫子弟立志谋业的同时，也从自己亲身经历或别人的经验教训出发，向他们灌输淡泊功名利禄的处世之道。东方朔的《诫子诗》指出："明者处世，莫尚于中。优哉游哉，于道相从……饱食安步，以仕代农。"这一观念，实际上是中国传统"中庸"理论在家庭教育中的应用。孔子说："不得中行而与之，长也狂狷乎？狂者进取，狷者有所不为也。"（《论语·子路》）即要求人们的行为无过无不及，恰到好处。就家庭而论，过仁为溺爱，不及仁为无同情心；过义为假道学，不及义为乱；过礼为迂腐，不及礼为狂野；过智为狡诈，不及智为愚笨；过信为死板，不及信为不诚实。所以，要子弟淡泊名利，并不是要他们与世无争、不思进取，而是要他们不要过分地贪图名利，尤其是不要不顾道义、礼法，不择手段地攫取功名利禄。

(9) 和待乡邻，礼让为先

在传统家庭教育中，如何与乡邻相处也是一个重要内容，这主要表现为尊敬长者和尊师重道。中国自古即有尊老敬老的习惯。《礼记》中说：

> 乡饮酒之礼，六十者坐，五十者立侍，以听政役，所以明尊长也……民知尊长养老，而后乃能入孝弟；民入孝弟，出尊老养老，而后成教。（《礼记·乡饮酒仪》）

另外在乡里中，最受尊敬的往往是年高德劭的老读书人，他们或可未曾做官，但在公共事务或乡里生活中具有较大影响力。再就是老师也受到乡里的尊崇。在传统社会中，师与天、地、君、亲并列齐称，一般人对老师，有像对父亲一样的情感，所谓"一日为师，终身为父"，师生间的关系亲密而久远，乡人对老师因而多恭谨谦卑。这些风范实际是家庭风范的一种延伸和扩大，是放大了的家庭民俗。

中国传统社会又是一个特别重视推广亲属范围的社会。对乡邻同姓，多被认为是"五百年前是一家"，即使是异姓之间，也是"一表三千里"，皆能扯上点亲戚关系。所以在家庭教育上，一般对子弟不厌其烦地训示家人要与邻家交好，哪怕是对待邻居的牛羊鸡狗之类小事也应注意。

(10) 救难济贫，助人为乐

扶危济困，乐于助人，是中华民族的传统美德，传统家庭教育对此也是极为重视。郑文融的《郑氏规范》中，就有相当一部分内容是训谕家人子弟要讲究人道，体恤孤寡贫穷的。如郑文融谈到若无大故，不得请乳母，以免使乳母的孩子受饥；借粮给穷苦乡亲不得收息；家中的药店给穷人看病要免费诊治；要经常修桥补路"以利行客"；要经常周济鳏寡孤独、生活无着的乡邻；每年炎夏时节，要在大路旁设茶水站，"以济渴者"，等等。

以上十个方面，即是传统家庭教育的大致内容。① 它虽然涉及的内容极其广泛，但核心始终是围绕治家教子、修身做人展开的，其实质是伦理教育和人格塑造。这便是家庭教育的核心。

家庭教育对于知识阶层来说，它是最初的一环，而对广大的民众阶层来讲，它又是唯一的一环。教育的承担者一般是家中的家长或长者。它从教育理论的角度讲，一般属于自然教育状态，教育方式大致限于日常生活中的言传身教、潜移默化。也正因为这一点，历代的家训、家范都强调晓谕劝勉与榜样示范的统一；感化、教化与规范、约束的统一；抽象的哲理训导与具体的可操作性的统一。家族中的父祖辈不仅注重言教，更强调身教；不仅注重自身的示范，而且注重发挥道德楷模的导向作用，让家庭中的每一位成员"见贤思齐"，自觉地加强自身的道德修养。

当然，能够自订"家训""家范"以教育子女者在历史上毕竟是少数，但其影响所及却不仅仅限于家训制订者的一家一族。中国历史上一些著名的家训，如《颜氏家训》影响之

---

① 此节所述家庭教育的内容，参照了陈延斌《中国古代家训论要》一文中的部分观点。

深远，即使是乡村中目不识丁的文盲，也多能口诵几句，甚或身体力行。事实上，传统社会中普通家庭的家教大多是受大户人家的影响，如孟母择邻、断机的故事，"二十四孝"的故事，在旧时几乎是家喻户晓，人人皆知的。在日常生活中，家长也多是通过对子女讲故事、讲往事，引导他们树立以勤劳、勇敢、诚实、善良为荣，以懒惰、怯懦、撒谎、作恶为耻的思想品德。而且多是言传身教，从细小事情入手，如要求孩子吃饭要吃干净，掉在地下的饭要捡起来等，以培养子女尊重别人劳动的习惯；如通过唱童谣、猜谜语、讲故事，以启发子女智慧，灌输基本知识，培养认识事物的基本能力等等。

需要特别指出的是，在中国传统的众多普通家庭中，家教的阶段往往就是人们一生所受教育的全部，因而，它既是立身修德的教育，又是职业生产的教育。如在一般农家，几岁的孩子就懂得采摘各类野菜、果实，十几岁就渐次学会割草、搂草、放牛、放羊、采药等一般为少年所从事的活计，并且开始学习田间农活和做些辅助性的劳动。女孩子此时则渐次学会刷锅洗碗、看孩子、喂鸡鸭、剪纸、绣花、针线活等，成了母亲的帮手。在海岛或海边、江边生活的孩子在十几岁时，早已认识了各种门类的鱼虾、贝蛤，学会打鱼凉网。若在世代相袭的匠人、艺人之家，则开始"打下手"，学徒学艺了。许多手艺家传的木匠、铁匠、染匠、机户、绣工、杂技艺人等，都是在孩提时代即为一生的技艺打下根基的。如此风气的形成，既是家庭教育的结果，也是传统社会自然经济所使然。

（二）佳人房中缠金莲

"佳人房中缠金莲"是清朝苏州一带流传甚广的一首山歌的首句。此山歌的名字即称为《缠金莲》：

> 佳人房中缠金莲，才郎移步喜连连，"娘子啊！你的金莲长得好，宛如冬天断笋尖，又好像五月端阳三角粽，又是香来又是甜；又好比六月之中香佛手，还带玲珑还带尖。"佳人听罢红了脸，"贪花恋色能个贱，今夜与你两头睡，小金莲就在你嘴旁边，问你怎么香来怎么甜，还要请你尝尝断笋尖。"

缠足是中国古代对妇女摧残的一种恶习。它从五代十国李后主倡导缠足开始，宋代就由宫中流传至民间，元代更普及到高门大户中。明代时，自上而下都缠足，到清代达到高峰。在中国流传甚广的女性教科书《女儿经》上说："为甚事，缠了足？不是好看如弓曲，恐他轻走出房门，千缠万裹来拘束。"试想，一个年幼的女童在缠足时连行走都需两人挟扶，又怎能不整日拘束于"寝门之内"呢？男女之大防岂不由此顺利地达成吗？

据一些历史记载，缠足是从幼年时开始的。约在五六岁时，择"八月二十四日，煮糯米和赤豆作团，祀灶，谓之黏团。人家小女子，皆择是日裹足，谓食核团缠脚，能令胫软。"（顾铁卿：《清嘉录》卷八）具体办法是，先将脚拇指以外的四趾屈于足底，用白棉布条裹紧，取其涩而不易松；等脚型固定后，穿上"尖头鞋"，白天令两仆妇挟之行走，以活动其血液；夜间将裹脚布用线密缝，防其松脱。到了七八岁时，再将趾骨弯曲，用裹脚布捆牢密缝，以后日复一日地加紧束缚，使脚变形（图16），最后只靠趾端的大拇指行走。要缠到"小瘦尖弯香软正"才算大功告成。以前曾有"小脚一双，泪水一缸"的说法，事实也的确如此。真让人难以相信，这种摧残妇女身心健康，违反人道人性的陈规陋习，居然能在中国妇女家庭教育及婚爱史上危害千年之久，并形成屡禁不止的社会习俗！

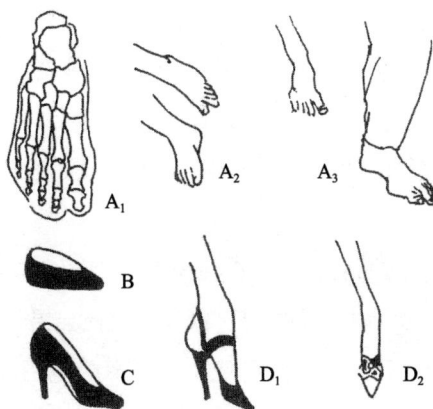

图 16　缠足鞋，尖头高跟鞋与自然足之比较

A_1、A_2、A_3 为自然足的骨骼及外形；B 为缠足鞋；

C、D_1、D_2 为尖头高跟鞋。

　　缠足是在身体上拘束妇女，而"女子无才便是德"一说的流行，则是在才智上压抑妇女，同样也给国家和民族带来了莫大的危害与损失。女子教育在古代虽然已受限制，以妇职为主，不鼓励学书读史，但由唐以前妇女的实际表现来看，这种限制并不严格。唐人教女学书学算，宋代司马光在家训中也主张女子读书认字，以为《论语》《孝经》《列女传》和《女诫》等书都该略晓其大义，他只是不赞成女子写作诗歌。这种情形逐渐演变，每况愈下，遂有明末吕坤所说"今人养女多不教读书识字，盖亦防微杜渐之意"的情形。到清代，"女子无才便是德""女子识字多诲淫"的观念深植人心，为钳制女子以文字表达心声之自由，以杜绝类似"待月西厢下"的事发生，不准家庭中的女子读书识字，极力进行文化奴役便也顺理成章了。

但从另一方面看，女子在传统家庭中毕竟承担着诸多繁杂的家务。"女治内，男主外"既是传统社会男女分工的基本原则，也大致区分了男女发挥才能的不同范围。概而言之，传统家庭中女子的日常工作大致上有三类：

(1) 主中馈，置饮食

在传统家庭中，妇女的基本工作是主中馈，张罗饮食。《列女传》中的孟母以"精五饭，幂酒浆，养舅姑，缝衣裳"为妇女责无旁贷的工作。当然，所谓"置饮食"并不仅仅是烹煮食物而已，它还包括采办食物、处理食物。如采集可以食用的野菜、清洗食物等，甚至还包括饲养家畜、家禽，以供食用等等。

(2) 侍奉公婆、丈夫，养育子女

传统家庭中的妇女，每日黎明即起，端整仪容，向公婆请安，侍候梳洗、早饭，并请示一天的饮食、工作等。对丈夫则除了侍奉饮食之外，还需侍巾栉（zhì 音志，梳子），准备衣物。另外，对子女的抚养和初步的教育也是妇女的重要工作。

(3) 勤力女红

内外之分在男女工作的划分上，最具体的表现即为"男耕女织"，这被认为是农业社会家庭生活的正轨。早在《礼记》中对此就记载：

> 女子十年不出，姆教婉娩听从，执麻枲（xǐ 音洗），治丝茧，织纴组训，学女事以共衣服。观于祭祀，纳酒浆，笾豆菹（zū 音租）醢（hǎi 音海，肉酱），礼相助奠。
>
> （《礼记·内则》）

由于丝麻布帛之事为妇女的重要工作，所以纺线织布也就不可避免地成为家庭对女子教育的主要项目。具体而言，采桑育蚕，缫丝纺织，剪裁缝补，以至于编、绣衣服上装饰等都要一一学会。

除了这些主要工作外，农家的妇女还需在农忙时协助农事，如除草、采收等，因而有关农活的初步知识，也必不可少。

由此，传统家庭中对女子的教育就陷入两难处境之中，一方面由于礼法所限，"女子无才便是德"，要尽一切可能限制对女子的教育；另一方面女子在家庭中又要承担众多的家务，尤其是对幼年子女的抚养、教育也由妇女承担，这就必须要对家庭中的女子加强教育。其折中的办法即是在习俗上逐渐加重礼法的约束力，使伦常观念日趋巩固，同时又在教育内容上有所选择，学以致用。东汉班昭（曹大家）著《女诫》，（图17）发挥《白虎通义》中"阴卑不得自尊，就阳而成之"（《白虎通义·嫁娶》）的理论，以妇人卑弱为基础，拟出了一整套为人妇者以"敬慎""曲从"来侍奉公婆和丈夫的行为准则。文中指出："有善莫名，有恶莫辞，忍辱含垢，常若畏惧"；要"晚寝早作，勿惮夙夜"；要"姑云不尔而是，固宜从令，姑云尔为非，犹宜顺从"等等。从中可以看出，作者认为妇女在家庭中除了"习劳""执勤"外，还需柔顺曲从，以得丈夫之意，使公婆爱己，叔妹誉己，进而维系家庭中秩序的和谐。在《女诫》中，曹大家虽然没有明确否定妇女在家庭中的影响力，但由文中为妇女提出的标准——妇德、妇言、妇容、妇功，可以看出她对妇女的期望显然不在于鼓励她们以积极的方式去发挥影响力或争取权力。《女诫》一书本是曹大家为教育自己的女儿所写，也是作为母亲对女儿的殷殷劝诲，因而并不代表她对所有妇女的普遍期望。但此书一经写成，就为时人所广泛传阅，其中那些系统而又切合实际的规范更为家庭中教育女儿的重要内容，进而成为流传最广的家庭女性教科书，并深深融入家庭教育的习俗之中。

图 17　班昭著《女诫》

对家庭中女子教育影响最为深远的一本书是唐代宋若莘、

宋若昭姊妹二人所写的《女论语》。全书共分12章，列出的在家庭中教育女儿的项目大致有：① 习女工；② 置办酒食；③ 温良恭俭；④ 修饰仪容；⑤ 闺房贞节；⑥ 善事尊长；⑦ 训诫子女；⑧ 营家待客等诸方面。此书在中国流传至为广泛，以后历代家训、家范中所涉对女儿的教育概莫超过此书所论范围。即使是乡民百姓目不识丁，不能诵其文字，但内容上都是耳熟能详，并在对女儿的教育中依此而成，形成风习。由于《女论语》在对女子的教育中特别重要，特抄录如下：

立身章第一：

凡为女子，先学立身。立身之法，惟务清贞。清则身洁，贞则身荣。行莫回头，语莫掀唇。坐莫动膝，立莫摇裙。喜莫大笑，怒莫高声。内外各处，男女异群。莫窥外壁，莫出外庭。出必掩面，窥必藏形。男非眷属，莫与通名；女非善淑，莫与相亲。立身端正，方可为人。

学作章第二：

凡为女子，须学女工：纫麻缉苎，粗细不同。机车纺织，切莫匆匆。看蚕煮茧，晓夜相从。采桑摘柘，看雨占风。浔湿即替，寒冷须烘。取叶饲食，必得其中。取丝经纬，丈匹成工。轻纱下轴，细布入筒。绸绢苎葛，织造重重。亦可货卖，亦可自缝。刺鞋作袜，引线绣绒。缝联补缀，百事皆通。能依此语，寒冷从容。衣不愁破，家不愁穷。莫学懒妇：积小痴慵；不贪女务，不计春冬；针线粗率，为人所攻；嫁为人妇，耻辱门风；衣裳破损，牵西遮东；遭人指点，耻笑乡中。奉劝女子，听取言终。

学礼章第三：

凡为女子，当知女务：女客相过，安排坐具。整顿衣裳，轻行缓步。敛手低声，请过庭户。问候通时，从头叙称。答问殷勤，轻言细语。备办茶汤，迎来递去。莫学他人，抬身不顾。接见依稀，有相欺侮。如到人家，且依礼教。相见传茶，即通事故。说罢起身，再三辞去。主若相留，礼筵待遇。酒略沾唇，食无叉筯。退盏辞壶，过承推拒。莫学他人，呼汤呷醋，醉后颠狂，招人所恶，身未回家，已遭点污。当在家庭，少游道路。生面相逢，低头无顾。莫学他人，不知朝暮，走遍乡村，说三道四，引惹恶声，多遭骂怒，辱贱门风，连累父母，损破自身，供他笑具。如此之人，有如犬鼠。莫学他人，惶恐羞辱。

早起章第四：

凡为女子，习以为常，五更鸡唱，起著衣裳。盥漱已了，随意梳妆。拣柴烧火，早下厨房。磨锅洗镬，煮水煎汤，随家丰俭，蒸煮食尝。安排蔬菜，炮豉春姜，随时下料，甜淡馨香。整齐碗碟，铺设分张。三餐饭食，朝暮相当。侵晨早起，百事无妨。莫学懒妇，不解思量，黄昏一觉，直到天亮，日高三尺，犹未离床，起来已晏，却是惭惶，未曾梳洗，突入厨房，容颜龌龊，手脚慌忙。煎茶煮饭，不及时常。又有一等，馋餔争尝，未曾炮馔，先已偷藏，丑呈乡里，辱及爹娘。被人传说，岂不羞惶！

事父母章第五：

女子在堂，敬重爹娘。每朝早起，先问安康。寒则烘火，热则扇凉；饥则进食，渴则进汤。父母检责，不得慌忙。近前听取，早夜思量。若有不是，改过从长。父母言语，莫做寻常，遵依教训，不可强良；若有不谙，借问无妨。父母年老，朝夕忧惶，补联鞋袜，做造衣裳。四时八节，孝养相当。父母有疾，身莫离床，衣不解带，汤药亲尝，祷告神祇，保佑安康。设有不幸，大数身亡，痛入骨髓，哭断肝肠，劬劳困极，恩德难忘，衣裳装敛，持服居丧，安埋设祭，礼拜烧香，逢周遇忌，血泪汪汪。莫学忤逆，不敬爹娘，才出一语，使气昂昂，索需陪送，争竞衣妆，父母不幸，说短论长，搜求财帛，不顾哀伤。如此妇人，狗彘豺狼。

事舅（公）姑（婆）章第六：

阿翁阿姑，夫家之主。既入他门，合称新妇。供承看养，如同父母。敬事阿翁，形容不睹。不敢随行，不敢对语。如有使令，听其嘱咐。姑坐则立，使令便去。早起开门，莫令惊忏。洒扫庭堂，洗濯巾布。齿药肥皂，温凉得所。退步阶前，待其洗洗。万福一声，即时退步。整办茶盘，安排匙筋。香洁茶汤，小心敬递。饭则软蒸，肉则熟煮。自古老人，牙齿疏蛀。茶水羹汤，莫教虚度。夜晚更深，将归睡处。安置相辞，方回房户。日日一般，朝朝相似。传教庭帏，人称贤妇。莫学他人，跳梁可恶，咆哮尊长，说辛道苦，呼唤不来，饥寒不顾。如此之人，号为恶妇。天地不容，雷霆震怒。责罚加身，悔之无路。

事夫章第七：

女子出嫁，夫主为亲。前生缘分，今世婚姻。将夫比天，其义非轻。夫刚妻柔，恩爱相因。居家相待，敬重如宾。夫有言语，侧耳详听。夫有恶事，劝谏谆谆。莫学愚妇，惹祸临身。夫若外出，须记途程。黄昏未返，瞻望思寻。停灯温饭，等候敲门。莫学懒妇，先自安身。
夫如有病，终日劳心，多方问药，遍处求神，百般治疗，
愿得长生。莫学蠢妇，全不忧心。夫若发怒，不可生嗔，
退身相让，忍气吞声。莫学泼妇，斗闹频频。粗丝细葛，
熨贴缝纫，莫教寒冷，冻损夫身。家常茶饭，供待殷勤，
莫教饥渴，瘦瘠苦心。同甘共苦，同富同贫；死同棺椁，
生共衣衾。能依此语，和乐瑟琴，如此之女，贤得声闻。

训男女章第八：

大抵人家，皆有男女。年已长成，教之有序。训诲
之权，实专于母。男入书堂，请延师傅。习学礼义，吟
诗作赋。尊敬师儒，束修酒脯。五盏三杯，莫令虚度。
十日一旬，安排礼数。设席肆筵，施陈樽俎。月夕花朝，
游园纵步。挈榼提壶，主宾相顾。女处闺门，少令出户。
唤来便来，唤去便去。稍有不从，当加叱怒。朝暮训诲，
各勤事务。扫地烧香，纫麻缉苎。若在人前，教他礼数。
递献茶汤，从容退步。莫纵娇痴，恐他啼怒；莫纵跳梁，
恐他轻侮；莫纵歌词，恐他淫污；莫纵游行，恐他恶事。
堪笑今人，不能为主。男不知书，听其弄齿；斗闹贪杯，
讴歌习舞；官府不忧，家乡不顾。女不知礼，强梁言语，

不识尊卑，不能针黹，辱及尊亲，有玷父母。如此之人，养猪养鼠。

营家章第九

营家之女，惟俭惟勤。勤则家起，懒则家倾；俭则家富，奢则家贫。凡为女子，不可因循。一生之计，惟在于勤；一年之计，惟在于春；一日之计，惟在于寅。奉箕拥帚，洒扫灰尘；撮除邋遢，洁静幽清。眼前爽俐，家宅光明。莫教污秽，有玷门庭。耕田下种，莫怨辛勤；炊羹造饭，馈送频频；莫教迟慢，有误工程。积糠聚屑，喂养孳牲；呼归放去，检点搜寻；莫教失落，扰乱四邻。夫有钱米，收拾经营；夫有酒物，存积留停；迎宾待客，不可偷侵。大富由命，小富由勤。禾麻菽麦，成栈成囷。油盐椒豉，盎瓮装盛。猪鸡鹅鸭，成队成群。四时八节，免得营营。酒浆食馔，各有余盈。夫妇享福，欢笑欣欣。

待客章第十：

大抵人家，皆有宾主。滚涤壶瓶，抹光橐子。准备人来，点汤递水。退立堂后，听夫言语。若欲传杯，即时办去；若欲相留，待夫回步；细语商量，杀鸡为黍。五味调和，菜蔬齐楚。茶酒清香，有光门户。红日含山，晚留居住。点烛擎灯，安排坐具；枕席纱厨，铺毡叠被。钦敬相承，温凉得趣。次晓相看，客如辞去，别酒殷勤，十分留意。夫喜能家，客称晓事。莫学他人，不持家务，客来无汤，慌忙失措，夫若留人，妻怀嗔怒，有箸无匙，有盐无醋，打男骂女，争啜争哺，夫受惭惶，客怀羞愧。有客到门，无人在户，须遣家僮，问其来处。客若殷勤，即通名字，当见则见，不见则避。敬待茶汤，莫缺礼数。记其姓名，询其事务，等得夫归，即当说诉。奉劝后人，切依规度。

和柔章第十一：

处家之法，妇女须能：以和为贵，孝顺为尊。翁姑嗔责，曾如不曾。上房下户，子侄宜亲。是非休习，长短休争。从来家丑，不可外闻。东邻西舍，礼数周全，往来动问，款曲盘旋。一茶一水，笑语欣然，当说则说，当行则行，闲是闲非，不入我门。莫学愚妇，不问根源，秽言污语，触突尊贤。奉劝女子，量后思前。

守节章第十二：

古来贤妇，九烈三贞。名标青史，传到而今。后生宜学，亦匪难行。第一贞节，第二清贞。有女在室，莫出闺庭；有客在户，莫露声音。不谈私语，不听淫音。黄昏来往，秉烛掌灯。暗中出入，非女之径。一行有失，百行无成。夫妻结发，义重千金。若有不幸，中路先倾，三年重服，守志坚心，保家持业，整顿坟茔，殷勤训后，存殁光荣。（《古今图书集成·明伦汇编·闺媛典》卷二《闺媛总部·宋尚宫女论语》）

这洋洋洒洒一大篇《女论语》，就其内容而言，无疑比曹大家的《女诫》大大地进了一步。《女诫》仅把柔顺曲从作为家庭中对女儿教育的要点，并未做出具体的规范和要求。而《女论语》则把妇女教育规范化、条理化和具体化，且把羞羞怯怯、躲躲藏藏视为女子的立身之道。这显然比《女诫》所论"专心正色"又不知狭隘了多少倍。

《女论语》把羞怯躲藏视为女子的立身之道，实际上是适应了礼教传统中"严男女之大防"的需求。宋代以后的中国社会逐渐平民化，以往豪门权贵之家女子能部分地接受教育的权利随之消失，就整个社会而言，家庭中女子教育的内容日趋狭隘，加之宋明理学对阳刚阴柔理论的再度阐扬，使家庭中对女儿有关节烈、贞孝的教育趋于极端，其意义也从婚姻关系中妻对夫的忠诚，演变为女性终身恪守的道德规范。

无论是为人女、为人妻或守节的寡妇，基于男女防嫌的要求，都必须守贞。于是就有了五代时一守节妇人因手臂被男子触碰，而挥刀砍去手臂的惨事发生，也有了元代一节妇乳部生疮宁死也不许医生诊治而最终病死的荒唐。即使是在遭遇变乱之时，妇女也应"守节"如常。明代游铨妻张氏在遭逢倭寇之时，再三告诫女儿："妇道惟节是尚，值变之穷，有溺与刃耳。"（《明史·烈女传》）潘氏投火则是说烈女潘氏遭遇贼寇后跃入火中自焚全节的故事。（图 18）这不仅体现了传统家庭中的女子为全节以求死的观念，同时也向人们展示了礼法僵化的情形。

对女子贞节阐扬最力者，当属程朱。《近思录》中有一段程颐的谈话：

> 或问："孀妇于理，似不可取，如何？"伊川先生曰："然！凡取，以配身也，若取失节者以配身，是已失节也。"又问："人或有居孀贫穷无托者，可再嫁否？"曰："只是后世怕寒饿死，故有是说。然饿死事极小，失节事极大！"

这就是常被用做口号的"饿死事小，失节事大"一语的出处。也正是由于这些大儒的倡导，明清两代遂在家庭教育中将女子的贞节教育列为首端。

图18　潘氏投火

众所周知且有口皆碑的明代大清官海瑞，在家庭教育上就是一个顽固、凶残得令人发指的礼教维护者。据清代俞樾所著《茶香室续钞》记载：海瑞有一个五岁的女儿，在一次与男童的玩耍中，这幼女接受了男童给他的一点食物。海瑞知道后，破口大骂："女子岂能漫取童饵？能即饿死，方称吾女！"这五岁的幼女最终被活活饿死。（《茶香室续钞》卷四（书影））这故事不见于正史，却足以令人震惊。海瑞是明代讲求忠孝节义的典范，唯其如此，才会有这般令人瞠目结舌的荒唐事发生。

"男为忠臣，女为节妇"，在提出之初，是由于寡妇守节可以养老抚孤，使家庭不致因男子的死亡而有破碎之虞，间接也提供了社会安定的基础，因而尚含有一定的合理性。但这一原本存有一丝温情的"礼教"，至明清时代已演化、僵硬到杀人的地步，令人发指，令人震颤。大概也正是由于传统家庭中的妇女受尽不平等待遇，不仅不合于礼，更有失于仁，所以宋代有袁采、明代有吕坤、清代有李汝珍，或是基于对女子境遇的同情，或是基于教化不应只限于男子的立场，纷纷为女性申诉，并提出一些切合妇女日常生活，教导妇女待人处事的新的教育方法。至五四时期，妇女问题遂成为学者和思想家注意的焦点。他们攻击纳妾，批评媒妁婚姻和三从四德的古训，开展女子教育，鼓励女子的独立意识，并在社会上引起了广泛的共鸣和回响。虽然人们在家庭教育中对女子仍认为"正位于内"是妇女生活的理想，但他们所赋予的

"正位于内"一语的意义，已不再是"唯酒食是议"或"谨男女之防"，而是对妇女在"齐家治国"的任务上更深重的期许。

如此风俗，无疑将女性置于了整个社会这座大山的重压之下，死不了，也活不成，所有女子们一起变成了男子的奴婢和牺牲品。这既是女性的悲剧，也是整个中国古代的悲剧。

六　家庭的延续和传承

生，给一个家庭带来欢乐，民俗予以祝福；死，给一个家庭带来悲痛，民俗予以哀悼。生生死死，组成了家庭的繁衍曲。

治产兴旺，能使一个家庭走向发达；分家析产，能带来家庭数量的增多。大家分为小家，小家再发展为大家，这其中有着家庭的悲欢离合，也有着一系列民俗予以规范。

即使为世家大族，也终有衰落的时刻。世上本来即没有不散的筵席，民俗同样要对世族予以规范和界定。

如此生生死死，合合分分，延续和传承着中国那数不清的家。这其中，民俗的基调是什么？又有哪些内容在构筑民俗自我的五彩缤纷呢？

（一）"不孝有三，无后为大"

"孝"既是中国传统社会的重要民俗事象之一，是中国传统道德的重要组成部分，也是中国伦理思想史上的重要范畴。

对"孝"最一般的解释是善事父母，即子女敬爱奉养父母的道德。许慎从文字的角度对此解释说："孝，善事父母者。从'老'省匕，从'子'，子承老也。"（《说文解字·老部》）《尔雅·释训》也说："善父母为孝。"但据一些学者研究，这并非"孝"之本义。宋金兰先生在《"孝"的文化内涵及其嬗变》一文中指出："'孝'的原始字形传达的信息是男女交合，生儿育女"；"孝的观念的产生标志着中国远古社会把交媾生育从人的自然本能上升为一种文化行为。"他论证说："见于《诗经》的'孝'字主要有三种含义：① 生儿育女、继承祖业。② 以传宗接代为美德、善行。③ 祈求子孙繁衍的祖先祭祀。"① 从这三种含义分析，"孝"字在这里所强调的实际上只有一点，即父子相承，传宗接代。这一含义在春秋战国时代即被孟子概括为："不孝有三，无后为大。"（《孟

---

① 宋金兰：《"孝"的文化内涵及其嬗变》，载《青海社会科学》1994 年第 3 期。

子·离娄上》）这里的所谓"后"，是专指男性子孙。在中国传统的父权占统治地位的社会里，家族财产、权力、地位的移交只是在男性亲属中进行，这就使父子关系具有了空前重要的意义。因此，传统家庭中不仅重男轻女，而且挑剔名分、血统。元配所生子女称"嫡"，妾侍所生子女称"庶"，非婚性交所生子女被斥为"淫"。在继承关系上，"嫡"子享有优先权，而且"嫡"子中的年长者，即嫡长子更是法定的继承人。依次推衍，无"嫡"则"庶"。但非婚生子女一般不被家庭所承认，其理由便是"为其乱族也"。

在传统社会里，个人是生活在家族的血缘羁绊下并为家庭而存在的，家庭的延续是父权得以存在的先决条件，是家庭中作为一男性子孙一生中的最大责任。如果婚后无子，父母生活无着，家业无人继承，祖先无人祭祀，这一切，就是对父母最大的不孝，也是对祖先最大的不尊。于是，"不孝有三，无后为大"成了传统社会中不变的教条，亦即有了"三千之罪，莫大于不孝，不孝之大，无过于绝祀"（《魏书·李孝伯传》）的弥天大罪。

这种无后即为不孝的道德观念，生子以传宗接代的硬性要求，对传统家庭中的妇女来说，无疑是一种沉重的负担，对婚后无子者而言，更是一种巨大的灾难，并使父权制下男尊女卑及男子的性别优越感趋于极端。民俗中流传至广的麒麟送子正代表了妇女们的这种期盼心情。（图19）一些家庭"生男则相贺，生女则杀之"（《韩非子·忠孝》）。而无子的责任要全由妇女承担，她们不但要受到丈夫、公婆的虐待和社会舆论的讥讽，而且还会被丈夫休妻赶出家门。《大戴礼记·本命篇》中所记"七出"之仪，"无子"一项即赫然其中，其理由则是"为其绝世也"。

但是，生子生女之事毕竟又不是随个人心意而定的，这就需要对婚后久无子嗣者赋以用其他方式解决的途径，这就是纳妾和"过嗣"。

在中国传统家庭中，纳妾尽管有许许多多的理由，但子嗣问题恐怕是其中最为有力的一种。一般说来，传统家庭中纳妾远不如娶妻那么正规，其方式主要是① 用钱财买得具有"宜男"之相的女子为妾；② 收纳家中的婢女或陪嫁丫头。而且妾在家中的地位极低，如同一生儿育女、接续香火的工具一般。与之相联系，妾侍所生子女也不能与嫡生即正妻所生子女争地位。在《唐律》中，只有在正妻年龄50岁以上，确系不能生育了，才可立庶子为继承人，否则要判家长之罪。

可见从法律关系上说，庶子也与嫡子有别，所以纳妾仅是对婚后无子者传宗接代的必要补充，也是接续家庭香火的重要形式之一。

图 19　麒麟送子

除了纳妾外，还有一种使家庭香火得以延续的办法就是"过嗣"。

"过嗣"又叫"过继"。这是指家族中没有儿子的家庭（一般是长支），可从近支侄辈中"过继"一人为子，以传宗接代。过继之后，一切称呼、礼仪、财产继承乃至死后上宗谱等项，都要与过继后的父母相一致。这类事情，在家族中被视为大事，要举行正规的仪式，并必须由立嗣人敦请家族中的长者与出嗣人生身父亲等到场，且必须郑重地立下"过嗣单"与"出嗣单"。据《山东省志·民俗志》所载，"过嗣单"的格式大致为：

> 立过嗣单者×××，因年残力衰，外不能应友，内不能壮家，况本支为大宗，万不可抱恨于身后。今经亲族公议，惟次支×××之子名分当嗣，身亦愿嗣。过房之后，家财产业由嗣子经营，养老送终由嗣子料理，别支不得干预。此系两家情愿，各无退悔。同囊出嗣单存照。年月日。

另有"出嗣单"，其格式大致为：

> 立出嗣单者×××，长支无嗣，亲族公议，次支一子议当出嗣，今以×××为长支之嗣，昭穆之祭，伦次攸宜，（其母）×氏亦属情愿。自嗣之后，成家立业仍遵嗣母，养老送终，多敦人伦，于身本支无干。此系情愿，永无后悔。同囊出嗣单存照。亲邻×××、×××，族人×××、×××。年月日。

从家庭传承的角度，还要谈一下守贞守节的问题。

贞节观念自父系制时代即已萌芽，但并不为世人所重视。秦始皇会稽刻石，对贞节大加提倡，但他所言乃是指男女双方互保贞节。自汉代以后，贞节即仅限于女子一方，所谓"夫有再娶之义，妇无二适之文"。(《女诫·专心第五》)。随着旌表贞节的泛滥，贞节观念渐趋严格，守贞妇女为免失节，常自毁肢体，乃至自杀。那么，是什么原因促使传统社会中上至朝廷，下至庶民百姓都如此重视贞节问题呢？答案只有一个，家庭的传承问题。

如同纳妾是为了接续家庭的香火一样的原因，贞操问题是为了家庭血缘的纯洁。《大戴礼记·本命篇》所论"七出"之仪，将"淫"视为第三端，原因是"为其乱族也"，即变乱了家族的血统。在传统社会中，"淫"也是对妇女而言的最大罪状。与"贞操"相联系的是"节烈"。贞操为的是家族的血统纯洁，节烈则是为家族血统不致因夫主的死亡而中断。因为寡妇守节，上可以代替丈夫养老送终，下可以抚育子女以接续夫家的香火，同时又可为社会的安定打下一个良好的基础。也正是有了这诸多的意义，历代朝廷都对贞节积极奖励，并被赋予与忠孝同等的道德价值。

概而言之，传统社会中的家庭观念一直以"大家庭"为理想，一个人结婚以后就希望多生孩子，尤其是希望多生男孩。因为这既能完成传宗接代的家庭义务，同时在以人力为主的农业社会中男孩子极具经济价值。社会中常说的吉利话"三多"，就是"多福、多寿、多男子"。这一心态恰如钱穆先生所言："我国家庭缔结之终极目的，是父母子女之永恒联属，使人生绵延不绝。短生命融入于长生命，家族传袭，几乎是中国人的安慰。"① 也正由于这一点，"生具宜男之相"是婆婆选媳妇的一个主要条件，女子嫁入夫家，能生多少就生多少，要忍受一切辛劳、苦痛而毫无怨言。不仅如此，妇女们为了夫家的家族传承与延续，要严守妇德，丈夫去世后要为夫守节。如果婚后多年无子，还应听任丈夫纳妾。显而易见，在家庭的传承问题上，无论是纳妾，还是贞操与节烈，都是以对妇女的人性摧残为代价的。尤其是宋代以后，贞节观念渐趋制度化、普遍化、极端化，乃至称以"礼教杀人"也不为过。这一显然将男女置于不平等地位的做法，终于为传统社会所诟病，并最终激起了自近代肇始的妇女对传统礼教的愤怒抗争。

（二）好景不长的四合院

"四合院"是中国北方民居的典型形式。在这里，"四"

---

① 钱穆：《中国文化史导论》，正中书局，1968年版，第43页。

是指东西南北四面；"合"是合在一起，即东西南北四面的房屋围在一起，形成一个俯瞰如"口"字的形状，这便是四合院。

中国的老式宅院，南北各地，尤其是北方，不少都是四面房屋、中间院落的"口"字形四合院，一个院落，一个家庭。四合院的优长很多，一个四合院，大管大的、小的，关上大门即成一番天地，外面自然看不到里面的一切，里面也不必理会外面，与世无争，与人无干，恬静而安详！在漂泊无定的人生道路上，拥有这样一个安乐窝，成家立业，抚幼养老，岂不乐在其中？同时，四合院又可最恰如其分地映现传统家庭的礼教特征，使尊卑、长幼、男女、主仆之间体现出明显的区别。家长一般居于正堂，位置最尊，在人们的习惯上也把父母称为"高堂"，即高高的堂屋。子女住东、西厢房，仆人居下屋。如果一个四合院是所谓"大四合"，一连数进，那么家中的女眷就可生活在二进以内，"大门不出""二门不进"，因此人们又把女眷称为"内人"。文学家曹禺在《北京人》中，曾描写了一个祖孙三代之家，其中写道：老一代老爷、太太住北屋正堂，第二代大爷、大奶奶住西屋，东屋是下房，仆妇、奶妇带小孩住，第三代中年龄较大的孩子，则住在南屋客厅的套间中。这可以说是最标准的大四合院中的正统分配方式。再者，传统的四合院注重了人与自然环境的联系。曾任潍县县令的扬州八怪之一郑板桥，这样描写他住的十笏斋：

> 十笏茅斋，一方天井，修竹数竿，石笋数尺，其他无多，其费亦无多也。而风中雨中有声，日中月中有影，诗中酒中有情，闲中闷中有伴，非唯我爱竹石，即竹石亦爱我也。（《郑板桥集·竹石》）

寥寥数语生动地反映了可敛可收的包容宇宙且与自然同在的意趣，把人与自然融于一院之内。

传统四合院更为重要的优长还表现在可大可小，变化多端上。大宅门、大四合并不意味着院子大，而是意味着院落多：前院、后院、东院、西院、正院、偏院、跨院……所谓"笙歌归别院，灯火下楼台"。清代大贪官和坤的住宅，中间一路即是13进，这意味着在中间一条中轴线上，共有13座大四合院连接着。人们走进院中，真有"庭院深深深几许"之感，如果用鸟瞰的语气说，就是黑压压的好大一片宅院。这种院院相连的大宅若要变小当然十分简单，只把院与院之间的夹道略一变动即可，因而豪门巨户若要分家析产简便易行。

不仅如此，即使是一些单门独户的四合院，若要兄弟们分家析产，也可略加变通即成几个院落。邓云乡先生在其《北京四合院》一书中曾举了许多例证来说四合院的变化，其中描写道：

> 建房者利用地形，在大四合北房三正二耳的格局上，略加变化，西面盖一间平房，东面盖三间耳房。这三间又独立开门……东面进来，却别有洞天，又是一个十分幽静的小独院了。（《北京四合院》第23页）

以北京为例，清初兴建的四合院最多，各条胡同挨家都是。但随着时间的推移，合乎格局的标准四合院越来越少。尤其是一些平民之家，一代代分家析产，把一个整整齐齐的四合院，拆得七零八落。邓云乡先生写道：

> 一所四合院，最早住一家，后来住两家、三家、四家……时至今日，有的住到十几家，近年来人们又时兴盖小房，院中东一间，西一间，曲曲弯弯，"柳暗花明"，变成了"八卦阵"、"九曲黄河灯"……（《北京四合院》第68页）

可见，四合院的优点是在社会经济宽裕、人口密度不大的情况下才能充分展现，才是一个恬静祥和的安乐窝。但四合院从其出现，就注定了其好景不会长久，除非有雄厚经济实力和充裕的空闲地皮，否则，随着家庭的繁衍及一代代的分家析产必会把它拆得七零八落。

事实上，家庭可以指具有共同血缘、一起生产、一起居住和一起消费的人群。随着父子间的嬗递，分家析产乃是必然的。战国中期，商鞅在秦国变法，下令"民有二男以上不分异者，倍其赋"，尔后再下令"民父子兄弟同室内息者为禁"。(《史记·商君列传》) 依此，儿子和兄弟结婚后就必须分家，战国以前"父子无别，同室而居"的社会家庭形态由此得以改造成为以核心家庭为基础的社会。秦始皇统一天下后，中国家庭形态基本上是父子兄弟分居别财，刘邦就是一个例证。据《史记·楚元王世家》曰：

> 始高祖微时，尝（避）事，时时与宾客过巨嫂食。嫂厌叔，叔与客来，嫂（佯）为羹尽，栎釜，宾客以故去。已而视釜中尚有羹，高祖由此怨其嫂。

刘邦流亡，不敢回家，求食于大嫂，他们分明是两家，别居异财。另据《史记·高祖本纪》载，未央宫落成，刘邦当着众大臣之面向太上皇敬酒说："始大人常以臣为无赖，不能治产业，不如仲力，今某之业所就孰与仲多？"从句中分析，刘邦与二哥的家产也是分开的，不能算同一个家庭。

这一兄弟结婚后即分家别居的风习至东汉以后有所改变。唐代，已婚兄弟及其子女同居共财者已所在多有，兄弟亡故，伯叔与子侄依然同居共财者也大有人在。究其原因，是由于政府以法律的形式对此加以限制。据《唐律·户婚律》，"诸祖父母、父母在而子孙别籍异财者，徒三年"，"诸居父母丧……兄弟别籍异财者，徒一年"。可见，只要是祖父、父亲在世，即不能分家析产，而且在父母丧葬期间及斩衰丧期也不准分家，否则皆可构成三年或一年徒刑的罪名。如果是祖父或父母强令分家，则要罪及父母，即"若祖父母、父母令别籍……者，徒二年，子孙不坐"。（《唐律·户婚律》）

除了法律的严加限制外，政府还以社会舆论的巨大力量，对多代同居的大家庭加以彰显，称为"义门"。前文述及唐代寿张人张公艺九世同居，高宗亲幸其宅，以示恩宠。各代所修正史皆有孝义、孝友传，一门孝友，便成万民之表率，并留传青史。

但从唐代以后，宋、元、明历代律法中对父子、兄弟分家别财的限制已渐趋减弱。如元代的《元典章·分析》提出："自后祖父母、父母许令支析别籍者，听。违者，治罪"。另外，清代《大清律例增修统纂集成·别籍异财条》曰：

> 祖父母、父母在者，子孙不许分财异居，其父母许令分析者，听。

可见，至清代时，唐代那不合时宜的强令父子兄弟同居共财的法律已大为松弛，即使是祖父母、父母在堂，子孙只要征得长辈许可，即可分家析产，而不必再受法律的限制。

与分家相联系的是家产的问题。实际上分家不仅意味着子孙从原来的家庭中分离出来，更意味着产业的划分。因此，历代律法中总是同居、共财相连，分家、析产连用。

在传统家庭中，家产一般掌握在父权制家长手中，其情形则如《莱阳县志》所述：

> 凡同居，财产归公，子弟无私蓄，惟妇人奁资及新妇所收拜钱则为私有。若父母伯叔或耗损家产，子弟可婉谏，但不得强阻，亦不得私以财产授人，即窃立契约，亦不生效。夫在妻亦如之。

另据《莱阳县志》所载，凡是分家析产，父母在时，皆由父母主持，并邀请亲戚中的有名望者参加。若父母去世以后再分家，那么分家析产的原则应遵父母的遗嘱而定，并邀请家族中的长辈主持其事。大致而言，除了养老、祭田、公物外，皆兄弟均分，并祭告祖先，即位前拈阄而定。女子无论已嫁未嫁，皆不得参与。山东省潍县一带，过去还有"儿家的江山，女家的饭店"一说，即对家庭中的产业，女儿不得参与分配，但女儿结婚生儿育女后，可把幼年子女送至家中让外祖父、外祖母照看。

这一习俗大致上也与历朝的典章制度相类似。如《元典章·家财》中的"同宗过继男与庶生子均分家财"条曰："……议令二子均分家产，赴官执法，连判所立文书，于内明白，将实有田土品搭均分。"

关于分家析产的程序，一般是请来家族中的长辈，如家族长，再请来"中人"，又称"知见人"、"证见人"，若父母在堂时，再加上父母以及分家的子孙辈，当面将土地、房屋、财产、老人赡养等问题解说清楚，并写入文书之中。分家的文书又称"分书"，其格式略为：

> 兄弟×××、×××等，勤惰不一，恐生嫌隙，兄弟商议，请来亲族，将祖父所绩遗及所置田产、钱财、树木、器具等项搭配均分。逐条开载明白，阄分之后，彼此照单管业，各立门户，永无争差，立分单各存一张为据。

（附：所分各类产业清单）×年×月×日

许多地方还有在分家时请娘舅到场的习俗。其主要作用是让娘舅到场为他姐妹说话，争取养老土地、养老财产及分家后赡养的较好条件等。

就家产的继承而言，一般的平民之家大致上有三种形式：

（1）以长子长孙为主要继承人

这是父权制家庭中长子独尊的遗风，也是传统家庭中财产分配的主要形式。分家之时，长子须多分一些土地，而且他的儿子还要再分一份"长孙地"。这样，长子长孙祖祖辈辈都占有这种优势，就使得长支一般较其他旁支为富有。过去一村一族当中，多是辈分小的富户多，辈分大的家族穷人多，正是反映了这一现实。在这一背景下，民间又出现了大量有关分家的故事，而其情节大致上总是哥仨或哥俩分家，大哥分了许多好土地、好东西，而弟弟分得的东西则少得可怜。这些故事都把大哥塑造成贪财、狠心的角色，而对温顺的小弟弟充满同情。

（2）以幼子为主要继承人

在传统家庭中的一些贫寒之家，往往是长子、次子结婚后，即让他们分家单过，并依次带走一部分财产分居出去，最后由幼子负责老人的赡养及死后的殡葬等。那么自然地，父母在临终前的遗嘱中多将家中的主要财产留给幼子继承。这是一种与长子长孙继承制对立的形式，大多是出现于贫寒之家。其实行的结果，也往往是因为与父权制下长子继承不甚符合而引起家庭不和，乃至父子反目、兄弟反目等情形的发生。在一些地方，长兄、次兄在分家别居时，甚至将"活不养、死不葬"等条文写入"分单"，让人心寒。

（3）由老人和几个儿子平均分配财产

前文所列分书的格式，基本上就是指平均分配财产而言。在这里，老人之所以还要保留一份财产，主要是基于养老送终的问题，即谁最后赡养老人则由谁来继承老人名下的这份财产。如果兄弟和睦，也可共同赡养老人，老人去世后再分配财产。

分家析产后的家庭所面临的一个实际问题是父母的赡养问题，这实际上又是"尽孝"的问题。在传统家庭中，"孝"作为家庭伦理规范的重心，有维持家庭稳定的功能和作用。人们用"孝"来调节家庭关系，使敬老、尊老、养老的伦理观念扎根于家庭，风行于社会，成为人们必须遵守的道德准则和行为规范，这无疑对促进社会安定，培养人们对国家、家族、家庭的责任感有着进步的意义。也正因为这一点，中国历朝历代大都力倡"父子无别，同室而居"，尤其是父母在堂，更是不得分家析产，其目的，显然是要"老有所养"，保持社会稳定。但是，明清时代，随着分家析产之风的盛行，律法已明显宽松。《明律集解附例·别籍异财》规定："凡诸祖父母、父母在而子孙别立户籍、分异财产者，杖一百。注：须祖父母、父母亲告乃坐。"且不说明律的处罚比唐律徒三年已大为减轻，在分家已成风气的明代，父母尊长又怎好亲到公堂之上去首告自己的子女呢？至清代，则明文规定，只要父母许可即可分家，这大抵是因实际情况而作的调整。

那么，随之而来的问题是，在堂的父母，在分家析产后如何赡养？对此，政府仅有舆论的倡导，即让人们为父母尽孝，但却难有实际的规范，以情理度之，政府事实上也不可能对此加以硬性规定。从流行于平民家庭中的对年老父母的赡养看，大致有以下几种形式：

(1) 老人单独起灶，诸子分摊粮草钱，按月交给老人。这一形式大抵适用于生活足可自理的父母。

(2) 老人固定一家吃饭，其他几个儿子按月或按季交粮、拿钱。

（3）老人留有部分财产，由他们自行选择一个儿子经营耕作，那么这个儿子负责赡养老人日常生活和死后殡葬。其他儿子只按自己的心愿去尽孝道，而不做硬性规定。

（4）老人轮流到几个儿子家里吃饭，即由诸子轮流供养，俗称"轮饭吃"，其方式或每家五日、十日、一月、数月不等，概由父母与诸兄弟商议决定。

概而言之，"五世同堂"、儿孙一大群一直是中国传统家庭的憧憬，但因限于种种实际困难，在平民家庭中，无论是过去或现在都没有成为家庭生活的主流。父母过世后，儿子们即可分家析产，在清代，即使是父母在堂，也可分家，这大致体现了历代律法对传统家庭限制由"严厉"到"宽松"的历程。单就分家析产而言，其程序与运作中尽管隐含着种种无奈，但大抵离不开一个"情"字，皆以家族内部的协商为主旨，而最终又归结于"老有所养""老有所终"，这也从另一个侧面反映出中国传统社会重视家庭和谐、以"孝"为先，提倡孝道的社会风习。

（三）世代相袭的"衍圣公"

"衍圣公"是北宋至和二年（公元 1055 年）宋仁宗赐给孔

子 46 代孙孔宗愿的封号。这一封号子孙相继整整承袭了 32 代，历时 880 余年。

所谓"衍圣"，即是说"圣道""圣裔"能繁衍接续，其子孙可世代相袭、相衍。"衍圣公"是我国封建社会中享有特权的大贵族，明代是一品文官，"班列文官之首"。清代时，不但班列阁臣之上，还特许紫禁城骑马，在宫中御道上行走。孔子的嫡系长支世代相袭"衍圣公"的爵位，其府第一再扩建，前为官衙，后为内宅，是中国传统社会中典型的官衙与内宅合一的建筑。

孔府，可以说是中国传统社会中世代相袭的鼎食大族的缩影与代表。的确，在中国传统社会里，存在着一些世家大族，他们为乡里所熟知、所尊重，他们的地位也为世人所公认、所肯定。这些豪门巨族多有爵位或世袭的特权，因而其延续与传承必然与平民之家的分家析产略有不同。

在传统社会中，作为一个世家大族，其地位取决于四个方面：① 人——人口多寡；② 时——世代久暂；③ 名——名誉大小；④ 位——禄位高低。① 人口多，则家族大；不过，

---

① 《中国文化新论·社会篇·吾土与吾民》，联经出版公司 1982 年版，第 42 页。

人多不一定就为人所重，要为人所重，还得要有悠久的历史；光是人多时久，还不足以为人所重，得要有好的名誉，那就要家族历史光荣而悠久；再是不但要有杰出的祖先，而且更要人才辈出，德高爵尊，方为世人所知所重。如此，一个世家大族才足以世代相袭、相衍，长盛不衰。

世家大族的传承以嫡长子继承制为主要形式。以孔府为例，自秦汉专制中央集权建立后就开始对孔子一再加封，对其后代也一再封赐。汉高祖刘邦曾封孔子的九世孙孔腾为"奉祀君"；汉元帝封孔子的 13 世孙孔霸为"关内侯"，赐食邑 800 户，黄金 200 斤，宅一区，并世袭封爵。唐玄宗开元二十七年（公元 739 年），追谥孔子为"文宣王"时，将孔子 35 世孙由"侯"升为"文宣公"，并宣布圣人之后不予庸调。宋仁宗时，孔宗愿受封"衍圣公"。

从孔子后裔受封袭爵的传承看，基本上是嫡长子继承制。唐代末年，由于社会动乱，孔子 42 代孙孔光嗣在公元 913 年被人杀死，非嫡系的孔末取而代之。公元 930 年，即有人上书，称孔末不是孔子嫡系子孙。唐明宗下令诛杀孔末，由孔光嗣的嫡长子孔仁玉主持孔子祀事，并加封"文宣公"。孔仁玉之后，子孙繁衍，先分为 5 位，又分为 20 派，再分为 60

户。孔仁玉以嫡系子孙，从孔末手中夺回爵位，被孔家称为"中兴祖"。从这一事例中，即可明显地体会到世家的传承概以嫡长子承袭为主，所谓"父死子封，不必有德"。

在中国历史上，除了孔府这一特例外，还有其他许多世家大族，尤其在隋唐以前的时代中，豪门巨族更一度成为历史的重心。见于历史记载的世家大族仅称谓就多种多样。一些士人的家族，因家族历史的久远与光彩而被称为世族、世家、世门，并特别为世人所看重；有些家族因人口众多，或声望极隆而被称为大族、巨族；有些家族人才辈出，历居高位，故被称为高族、鼎族、冠族、华族、权族、贵势、盛族；有的家族因其声华著闻，尊重贵显，而被称为华腴、膏粱、毕侪；有的家族名重一时，被称为望族、名族……显然，这些称谓的使用并非漫无限制，大抵是强调了家族中最有特色的某一方面。

这些世家巨族与泛义上所说的单纯以血缘关系为纽带的家族还有不同。若以同居共财为家庭的基本含义，那么这些世家巨族可以说就是一些包含有许多小家庭在内的大家庭。与平民之家相比，世家巨族更注重品德节操，他们往往遵循"父母在，不有私财"的礼教，把析产而居视为不祥，并把四世同居、五世同堂视为美德，传为美谈。同时，每一世家大族皆有其为人所称道的特质，这又往往成为家族间巨大的向心力，使这些同一祖先的人，不仅在血缘上，而且在精神上，都凝聚在一起。家族的荣誉感，重于一切，这使得家族中人孜孜以求，奋发向上。在这一情形之下，同居共财的豪门巨族或仍然以父权制家长为家庭的中心，但随着家庭丁口日繁，或由于客观环境的变迁，再逐渐分支，子孙各立门户，那么家族中盛衰之间的变化就不以长幼之序而定。其中的长支或许能顶着一块家族的空招牌，但为世人所重的则是才高位尊者，更普遍的情况则是长支若无杰出才能，将连家族招牌都会失去，而落到才高位尊者的身上。

在与平民家庭相异的豪门巨族中还有一种情况，即是历代王朝册封的公侯权贵。以明代为例，朱元璋册封自己的儿子为亲王，女儿为公主。亲王长子长孙世代相袭，其他儿子封郡王；郡王嫡长子承袭，诸子封镇国将军；孙封辅国将军。如此几代下去，除了袭爵的嫡长子外，其他庶子阶阶而落，至明代中期以后，已与平民无异，免不了啼饥号寒。其他各类公、侯等爵的袭封也大致类此。其与世代相袭"衍圣公"的区别在于，封建王朝所封此类爵位仅及一个王朝，不可能跨越朝代而繁衍接续。

　　另外，在一些没有世袭爵位的大家族中，也有诸子平均继承父祖财产者。据《汉书·陆贾传》记载，汉初名臣陆贾即把财产平均分配给五个儿子，同时自己留下自用财产，并轮留到诸子家去住，死在谁家所余财产归谁。可见，他的分家方法一是诸子平均分配财产；二是自留养老金和丧葬费；三是家长在世时主持分家。他的方法为后人所接受与借鉴。

七　家族主义

　　家族是家庭的延伸和扩张，是众多有着血缘关系的家庭的集合。在传统社会中，以农为业的中国人无法脱离血缘社会的羁绊而游离于家族而外，从而形成了世代聚族而居的习惯和风俗。个体家庭固然有累世共居的复合家庭与以夫妇为主的小家庭之别，但是，这些家庭都必须依附于家族而生存、而延续、而发展。家族既是一个血缘单位，又是一个社会单位。家有家法，族有族规。家庭与家族，相辅相成，密不可分。家庭民俗是家族民俗的基础和细化，家族民俗是家庭民俗的概括和发展。因此，要深入研究家庭民俗，必须对家族民俗予以分析。

（一）家谱、宗祠与祖先崇拜

如果说对家的延续与传承的讨论是为了从"纵"的方面来说明家庭的"纵向"延伸，那么家族主义所要讨论的就是从"横"的方面来说明家庭的"横向"扩展。在这里，家谱、宗祠与祖先崇拜是使扩大了的家庭——家族得以凝聚不散，并抚慰个人心灵的种种手段，而家训、族规则是对整个家族中人的现实约束，其最终结果就是"家国同构"与家天下。

要讨论家族，就要先对"家族"这一概念加以略说。就人们通常的观念而言，家庭与家族显然是不同的，但在使用时却常常混淆，而且两者的分野究系如何更是晦隐不彰。据梁启超的解释，父在时，合一父所产之子及孙，为一家族单位。此家族，实际上已包含了不少家庭，但以家族为各家庭相互间的连属组织。以此分析，梁启超所说的家族，实际上仅含三代。台湾学者杜正胜先生根据《丧服传》的服制为家庭、家族作了一个界定，认为凡同居或共财的称为"家庭"；五服之内的成员，包括父母、己身、子女，加上祖父母、孙辈及堂兄弟，合为五代，称"五属之亲"，是谓"家族"；五服以外的共祖族人，包括高祖、玄孙辈及族兄弟，合为九代，可称"宗族"。① 当代大陆学者张铭远在其《黄色文明》一书中，更依据传统社会的"亲亲"规制，认为家族集团的范围应包括以己身为中心，上推至高祖，下延至玄孙的九代。他论证说，古代刑罚中的诛灭九族，实际上就等于是铲除整个家族。②

从这三种观点来看，它实际上已经包含了家族所能扩展及延伸范围的从至小到最大的全部，因而勿需再别出心裁地另起争端。不过以我的理解，更倾向于九代说，这大致上也是中国传统社会的普遍认识。班固说：

> 族者何也？族者凑也，聚也，谓恩爱相流凑也。上凑高祖，下至玄孙，一家有吉，百家聚之，合而为亲。生相亲爱，死相哀痛，有会聚之道，故谓之族。（《白虎通义·宗族篇》）

可见，在班固的认识中也是上推高祖，下至玄孙合为一族。

在中国传统社会中，由同一男性先祖的子孙团聚而成的血缘家族制度可谓是贯穿了西周以下的数千年，其间虽几度起伏，却不绝如缕，生生不息。如清代苏州，"兄弟析烟，亦

---

① 《中国文化新论·吾土与吾氏》第 15～16 页。
② 张铭远：《黄色文明》，上海文艺出版社 1990 年版，第 82 页。

不远徙，祖宗庐墓，永以为依，故一村之中，同姓者至数十家或数百家，往往以姓名其村巷焉"。(《同治苏州府志·县区志》) 安徽徽州也是"家多故旧，自唐以来数百年世系，比比皆是"。(《光绪安徽通志·徽州府志》) 但是，正如上文所述及，在中国传统社会中数代同居共财虽是理想，然而毕竟不是现实，在实行中也存在种种关碍，三代同居已属不易，九代同祖的族人分崩离析久矣，血缘纽带也随时代的变迁而日渐松弛。在这种情况下，一个家族又何以凝聚不散，长相维系呢？答案是仰赖祠堂、家谱、族田以及与之相联系的祖先崇拜。

(1) 祠堂

家族之人祭祖，特别是祭始祖，要有供奉祖宗牌位的地方，并能容纳众多参加祭奠的人。权贵之家一般建有家庙，平民则建宗祠。明清时代，祠堂的修建已极为普遍，人们"聚族而居，族必有祠"。(《皇朝经世文编·别籍异财议》) 福建莆田县人习惯于建住宅以前，先建祠堂，县城里的建筑占地，有五分之一是属于祠堂的。

祠堂是族人聚会祭祖的地方，怎样管理祭祀，如何祭祀，需要有个组织，所以凡建立祠堂的家族，必须要有它的管理组织。家族一般有族长，还有各支房的房长，共同管理家族事务。如广东博罗的林氏族谱记载，其家族"设立族长，以主族事；五房立房长，管理本房中事务，帮助族事"。江苏宜兴一任氏宗族组织更为严整，设有宗子、宗长、宗正、宗相、宗直、宗史、宗课、宗干，分别负责家族中的祭祀、教育、财务、修谱等诸般事务，此外还设有宗守、守祠等勤杂人员。这样严密的组织简直就如同一个小的王国，族人成了宗子、宗长的属民。

祠堂管理人员，即主持祭祀之人的推举一般要考虑多方面的因素，一是论长支、旁支；二是论行辈、年龄；三是论德行；四是论财力及社会地位。《红楼梦》中的贾氏家族族长是宁国公府长房贾珍，但在祭祀中有特殊地位的却是二房的贾政母子，贾代儒辈分虽高，但在家族中只能是一般成员，这大致也反映出当时家族中的实际状况。

祭祀是家族中的一项重大活动，它一般在祠堂中进行。家族中人参与这一活动，既是义务，又是权利。不按时参加要受处分，一旦不允许某人参加，则意味着他已被家族开除，将失去家族的保护，是极严厉的惩罚。

祠堂还是向族人灌输族规、家法的场所。家族中每逢祭祀集会，或是每月朔望之日的集会，都要对族人进行伦理教育，宣讲族规、家训。据蒋伊撰《蒋氏家训》称："每月朔望，子弟肃衣冠先谒家庙，行四拜礼，读家训。"所宣讲的内容大致是忠君主、完赋税、孝父母、敬长上、睦家族、务正业、戒强暴、慎交游等，既有三纲五常的说教，又有做人及处理人际关系的说明，对培养正直的人格颇有意义。另外，对于违反族规家法的不肖子弟实行惩戒，大多也在祠堂中进行。其惩罚方式主要是体罚，"合族中设有以卑凌尊，以下犯上，甚至辱骂殴斗，恃暴横行者，须当投明族长及各房房正，在祠堂责罚示戒。"（陈士瑶《训诫》）

可见，祠堂之设，旨在强化家族意识，延续家族血脉，维系家族团结，恰如清代学者全祖望所言："宗祠之礼，则所以维四世之服之穷，五世之姓之杀，六世之属之竭，昭穆虽远，犹不至视若路人者，宗祠之力也。"（《鲒埼亭集·桓溪全氏祠堂碑文》）此确为至论。

（2）家谱

在唐代以前，家谱的纂辑主要是官府的行为，其目的在于选举和婚姻。从宋代开始，民间私家修谱渐成风习，除非谱书内犯有什么禁忌，否则官方不再过问。北宋欧阳修和苏洵分别编纂了他们的家族谱牒，创造了流传于后世的家谱体例。欧谱著录家族世系，以"图"的形式表现；苏谱则以"表"的形式出现。两家谱书都有先人的小传、谱序、谱例等，对后世的修谱影响极大。

欧、苏创造了家谱的体例，但宋人修谱不多，因而文天祥曾慨叹"近世此事寝废"，这也是由于人们对家谱功用的认识不足所致。至明清时代，随着社会经济的进一步发展，人们的流动性增大，家族活动增多，联宗现象层出不穷，家谱也成为一种客观的需求。所以明代家谱修纂已渐趋增多，到清代已是"族各有谱，凡支派必分列以序昭穆，故比户可稽，奸伪无托"。（《嘉庆宁国府志》卷九）从而形成了谱牒史上的大发展时代。

从体例上看，清代的家谱大致包括凡例、恩纶、宗规、家诫、祠堂、坟茔、义产、世系、传记、艺文等项，与地方史志相类似。在家谱修纂中，概以父系血缘为线索，嫁入本家族的妇女在没有生育子女前，不能入谱，故而习俗中有"母以子贵"之说。家谱对于家族来说，也是神圣的历史，所以对于续谱，读谱都有一定的礼仪和禁忌。家族中举行祭祖仪式时，也往往要先请出家谱。

家谱的首要作用是维系家族的团结，并把族人联结为一体。通过编修家谱，可以辨明世系，明确族人的血缘关系，还可以制订族规家训，统一族人思想，规范和处理家族中人之间的关系，进而诱发出族人的向心力。其次，家谱也是家族中人扩大交游的手段。编修家谱要搞清族源，了解迁徙情形，于是迁移出去的族人又可以依据家谱与本支发生联系，相互往来，开展联宗活动。再次，家谱也是解决族内纠纷，惩治不肖子孙的文字依据。族谱内都写有族规家训，从而规范了族人的生活，族人如若违犯，家族中的长辈即可依此予以惩戒。

(3) 族田

族田是家族中的公共田产，又分为祭田、义田、学田、义庄几类。族田主要用于招佃收租，但为防止族众对其侵蚀，一般规定本族中人不得承租，亦不得做租佃的中介人。祭田又称祀田，其收入用于开支祭礼的牺牲、礼仪、宴席等；学田又称书田，收入主要供家族兴办义塾、请教书先生，家族中的子弟学习优良者，可从中得到奖金，若是远赴他乡求学，则给予奖助金，逢科考之年，家族中的子弟若去赴考，还可得到路费资助；义田又称义庄，收入主要用于赈济家族中的贫困灾病者，若家族中有贫困残疾者，则按家中人口数量，给予一定的赈济，对一些贫困至无力婚嫁、丧葬者，也酌予资助，以助其完成人生的大事。

义庄的首倡者是以"先天下之忧而忧，后天下之乐而乐"为己任的范仲淹。[①] 他创建的苏州范氏义庄，历经数朝而不辍。据一些学者们考察，在清代，出现于苏、松、常三府的义庄多达二百余处。[②] 可以说，族田，尤其是义庄，是家族制度赖以存在的物质基础。清代人倪元祖说："亲亲故尊祖，尊祖故敬宗，敬宗故收族。凡宗族离散，皆由不设义田宗祠之故。"（《读易楼合刻·宗规》）祠堂、家谱主要从精神上训导族众"尊祖敬宗"，义田、义庄则通过救济穷人，兴办家族公益事业，把族人吸引到祠堂周围，从而使三者合而为用。

（4）族权与族规

在中国传统社会，家族之所以能够长久维系，除了它本身是一个血缘集团，有着天然的情感因素外，更重要的是因为它同时又是一个功能性机构，并在社会中产生着巨大的影响。

---

①②冯尔康主编：《中国社会结构的演变》，河南人民出版社，1994年版，第138页。

就家族与政府的关系而言，家族可以通过族权、族规来约束族人做顺民，帮助政府维护地方治安，民谚"国法不如家法""乡评严于斧钺"，正是言此。再者，家族还可以管束家族中的不安定分子，使地方上不易生事，即使是有外来的肖小，也不易活动，使"奸伪无所托足"。另外，家族的存在还可通过宗祠向族人宣讲纲常伦理，让族人"早完国课""圣谕当尊""不犯律条"，从而使家族成为宣扬忠君观念的基层社会组织。

就家族自身而言，其影响力也不容低估。首先，它在家族中人的教育方面产生着影响。前文述及，古代的文人大多撰有"家训""家谱"一类书籍，这实际上就是家族的规范。家族中的每一个人从小即受到家长和族人的训诫。宋人张载提出应"立宗子法"，也就是族规，其目的则是"管摄天下人心，收宗族，厚风俗"。(《张子全书·宗法》)可以说古代社会中的家族，负担了社会教育的一大部分内容。其次，家族也在社会控制方面产生着影响，这方面功能主要是通过族权来实现的。在传统社会中，绝大多数社会成员都生活在家族的范围之中，家族成员比任何外界人士都能够更多地起到相互监督的作用。更为重要的是，在宣扬伦理道德方面，族权凭借着血缘宗法的特性，显然比政府的强制性灌输更能收到"管摄天下人心"的功效，因而其影响力往往超出地方官府的政治力量。所谓"牧令所不能治者，宗子能治之，牧令远而宗子近也；父兄所不能教者，宗子能教之，父兄可从宽而宗子可从严也"。（刘献廷：《广阳杂记》卷四）这里所说的"宗子"就是族长、就是族权。对于违犯族规家法者，族权会毫不手软地予以严惩，从鞭挞、刑杖直至"缚而沉之江中"，其影响力确实不容忽视。

梁启超在其所著《中国文化史·乡治章》中曾就传统家族的权力以其家乡为例进行了描述，颇为精彩，特引录一段：

> （乡村中）每有纷争，最初由亲友耆老和解；不服则诉诸各房分祠；不服则诉诸叠绳堂。叠绳堂为一乡最高法庭，不服则讼于官（府）矣。然不服叠绳堂之判决而兴讼，乡人认为不道德，故行者极稀。子弟犯法，如聚赌斗殴之类，小者上祠堂申斥；大者在神龛前跪领鞭扑；再大者停胙一季或一年；更大者革胙。停胙者逾期即复；革胙者非经下次会议免除其罪，不得复胙，故革胙为极重刑罚……犯窃盗罪者缚其人游行全乡，群儿共噪辱之，名曰"游刑"。凡曾经游刑者，最少停胙一年。有奸淫案

发生，则取全乡人所养之豕悉行刺杀，将豕肉分配于全
乡人，而令犯罪之家偿还豕价，名曰"倒猪"。凡曾犯倒
猪罪者，永远革胙。(《饮冰室合集·中国文化史·乡治
章》)

可见，族权在维护社会秩序方面很大程度上承担了地方政府
的部分职能。从中还反映出，族权有严密而固定的组织，这
一点在其他一些材料中也有反映。如清代刘献廷《广阳杂记》
中曾载，镇江赵氏宗族有二万余壮丁，设总祠一人，族长八
人佐之，另推举家族中聪明正直的四人为评事，还有专门负
责行杖、役事者八人。家族中人有诉讼之事，不去官府而是
到祠堂首告，由评事议决，族长宣判，然后由行仗者执行处
罚。在一些地方，族人的婚姻，家族也要干涉，如不许与贱
民通婚，不许族女再嫁。家族中的寡妇改嫁要取得家族的同
意，寡妇继承遗产要由宗亲安排等。

(5) 祖先崇拜

祖先崇拜起源甚早。原始社会的人们对于周围一切现象
茫然无知，既畏且敬。他们不知道现世的一切，更不知道人
从何从来，往何处去。因而对鬼魂敬畏互杂，对族群中有经
验、有权威的长者更是崇拜有加。当他们去世后，经过时间

的推移和语言的渲染，即被神秘化。祖先俨然具有一股神秘的能力，能于冥冥之中视察子孙的行为，加以护卫或惩戒。子孙们亦深信经由祭祀的仪式及祭品的供奉，可保护后世的子孙及家族免于灾祸。祖先崇拜与祭祀由此产生。

祭祀祖先是对祖先崇拜的具体化。这一活动大致自商周以后就在中国制度化、规范化了，直到明清时代，政府犹有律法颁布，提醒百姓勿忘"祭里社、祖父母、父母"，(《明会典·祭祀通例》)并颁行御制民间祀先祝文。概而言之，家族中对祖先的祭祀大致可分为"家祭""庙祭""墓祭""年祭"四种主要形式。

一是家祭。

在家祭中，远祖设"族谱"，悬挂墙上；近祖设"牌位"，并以辈分先后及嫡庶之分，环列于供桌上。嫡、长居中，余则在侧。牌位又称"神主"，多以木刻成圆头或方头牌状，高尺余，镶木座中，涂以白色。牌位正面写"显考×(姓)公讳××(名)之神主"或"显妣×(姓)太君之神主"，下款写立神主之人的名讳，牌位背面则写明祖先生卒年、月、日。族谱与神主牌位平日收藏于壁龛之中，遇有家祭，取出供祭，名为"请主"。(图20)

图 20　三代宗亲

　　家祭的地点，富人家多在"客屋"里，一般人家就在堂屋。其时间、次数及祭祀方法，各地不尽相同。据山东《东平县志》记载，当地每年朔望及先人忌日，于神主前设祭品，焚香，奠酒，家长率其亲属，向神主行四叩首礼，祭毕，家长向众人叙述先人事迹，诏告子孙，以志不忘。

明清时代的家祭还有祭文，据《济宁州志》记载，明太祖朱元璋曾御制民间祀先祝文，略曰：

> 维年月朔日，孝孙某，阖门眷属告于高曾祖考妣之灵曰：昔者相继鞠育子孙，怀抱提携，劬劳万状。每逢四时，交代随其寒暖增减衣服，撙节饮食。或忧近于水火，或恐伤于蚊虫，或惧罹于疾病，百计调护，唯恐不安。此心悬悬，未尝安息。使子孙成立至有今日者，皆吾祖宗考妣劬（qú音渠）劳之恩也。虽欲报之，莫知所以为报。兹者，节届春夏秋冬，天气将温凉寒，追感昔时，不胜永慕。谨备酒肴、羹饭，率阖门眷属以献，尚飨！

二是庙祭。

庙祭在家庙中进行，家庙即是宗祠，又称"祠堂"。在传统社会中，士庶皆有宗祠，以收藏先祖遗像、家谱及祖宗牌位。庙祭的习俗大致是每年春秋致祭，多以春分、秋分两节，即古人春祠、秋尝之礼。届期扫除庭宇，设果品祭席，焚香奠酒，由族中长者率族众一体行四叩首大礼。祭礼完毕，在祠中宴饮，以联谊家族中人的感情。另外还有些地方，通行年节期间庙祭。家族中人新娶媳妇，在认亲族之日，也应往拜家庙，称"认祖宗"。

另据《潍县志稿》记载，在中元节①前一日，即农历七月十四日，家族中人应前往宗祠祭祀祖宗，除陈列祭品外，应摆列麻、谷，祭毕，将麻、谷抛向临街屋上，"盖以麻为织者所需，谷乃耕者所获，以之敬献祖宗之前，系告秋成有象，无饥寒之虞"。(《潍县志稿》)

三是墓祭。

墓祭场所在祖先营葬之地。旧时，稍稍殷实之家，即在祖先的坟前设石碑、供桌、香炉等，坟周围还要划出一方土地，称为"茔盘"，种植松、柏或合欢树。更阔气的大家族，则在墓地周围修建围墙，并修盖房屋，着人守护。一般近支祖坟称为"祖坟"，远祖的坟茔称"老茔"。

墓祭俗称"上坟"，习俗各地不同。就时间而言，列为祭祀节者，有清明；有二分（即春分、秋分）、二至（夏至、冬至）；有元旦；有上元、中元；有仲秋等等，其中最为普遍的是清明节。据《旧唐书》，唐玄宗曾下诏谓："寒食上墓，礼经无文，近代相沿，寖以成俗。士庶之家，宜许上墓，编入五

---

① 道家以农历七月十五日为中元节。

礼,永为常式。"这里所谓"五礼",即吉、凶、军、宾、嘉,其中"吉"即祭礼。唐时既然民间已把"寒食"作为上墓日期,并相沿成习,唐玄宗索性将之作为墓祭的法定日期。宋代周密《武林旧事》也曾说:"清明前三日寒食,人皆上坟,而野祭尤多。"宋代大诗人高翥(zhù 音住)有一首著名的"清明"诗,传诵久远:

> 南北山头多墓田,清明祭扫各纷然。
>
> 纸灰飞作白蝴蝶,血泪染成红杜鹃。
>
> 日落狐狸眠塚上,夜归儿女笑灯前。
>
> 人生有酒须当醉,一滴何曾到九泉。

这首诗极富哲理,看透人生,更把孔子"逝者如斯夫"的名言发挥到极致,读之让人感慨万千。此后,元明清三代以至近代,清明扫墓之风习,遍及各地。扫墓之俗也大同小异。下面以浙江绍兴为例,略作介绍。

在浙江绍兴,子孙一到祖先墓地,先要祭祀祖坟右旁的后土之神,以感谢这位神祇对祖坟的护卫。开始祭祖时,先在供桌之上陈列三牲或五牲,三牲是鸡、鱼、猪肉,五牲则是再加上鹅、鸭,此外还可加上其他一些肴馔。在近墓的桌边,放上酒杯、筷子、饭盅,这些称为"案菜"。行祭礼时,家族长任"主祭",其余男丁为"陪祭"。主祭者恭立前排,陪祭者按辈分长次分排肃立。然后按唱礼者所唱,依次献纳祭品,行跪拜礼,再读祭文。最后将祭文与纸锭一并焚化,祭礼告终。

家族中每次扫墓,皆由子孙按房支轮流值祭,主办全盘扫祭事务。扫墓完毕后,值祭人就请主祭、陪祭和男女老少同宗喝酒吃饭。酒席的菜肴多半就是将祭品再加烹调而成,这叫"散胙"(zuò 音作)。另外,扫墓完毕后,子孙还要在祖坟上插一枝竹枝,竹枝尖端飘一条线带,表示这座坟墓已经有子孙前来扫墓了。对长年照顾祖坟的当地管理人,则尊称为"老坟亲",祭祀用过的肴馔要分一部分给他,并加些酒饭。至此,祭祀全部完成。全国其他各地的祭祀,其仪式大同小异。

四是年祭。

年祭本是家祭或庙祭的一种,以其特别隆重,故而单独列出。据山东的一些地方志记载,年关将届,家家户户要打扫屋子,清洁几筵,恭请先人神主。按昭穆位置,有供三代宗亲纸牌位者,也有买纸画一轴,备列高曾祖考某某之位,悬挂于壁间而供之,俗称"家堂"。除夕,奉祀子孙至郊外焚香叩首，迎先人之神回家。然后在神案前行礼，上茶奠酒，设果品。午夜时，设祭宴，以鸡、鱼、肉、蔬菜、米饭、饽饽、黄白米糕、水饺祭之。家中男女依次行礼，礼毕，子弟妇女给家中尊长叩头。天亮后，族人邻里拜年者，先向家堂桌前行礼，然后才给家人行礼。拜家堂时，主人须陪礼。至上元节后，神主、纸牌位、纸家堂，均敬谨收藏。

对祖先的崇拜与祭祀在传统社会里，不仅是传统"慎终追远"伦理观念的发扬，同时也是慰藉人们心灵、联谊家族感情的手段。家族中人通过定时召开的祭祖典仪，围绕着宗祠而凝聚成一体。在这里，宗祠已不再是无生命的、单纯的祭祀场所，而成为伦理道德宣化的重心。家族的祖先牌位在这里供奉，家谱在这里珍藏，家族中的是非在这里评判。可以说，在官府的政权力量所不能达到的地方，正是家族透过宗祠而产生着巨大的影响力。

（二）家族、亲族与家天下

在传统社会的家族问题上，还有一个问题需要特别说明，这就是外戚与内亲。

家族的最初形成和世代延续当然首先取决于两性之间的

婚姻，而在传统社会中，两性的结合即意味着两个家族的结合，由此也就产生了亲属制度。在父权制社会中，如果以男性为中心计算，每个人都有父党、母党和妻党三方面的亲族关系，与之相联系的则是父系九族（又称本宗九族或血亲九族）、母系九族（又称外戚九族）和内亲九族。

在以父权制、族外婚为基本特色的中国传统家族观念中，所有亲属关系都可根据族系分成"宗亲"和"外亲"两个系统。宗亲是属于男性己身的家族，拥有同样的姓氏；而外亲则包括母系亲属、姻亲亲属及父系亲属中的女性亲属及其后代子孙。

为了保持宗亲与外亲的区别，在亲属的称谓上必须相应地一分为二。其中母系亲属与姻亲亲属自不待言，最有趣味的是把父系亲属中自男系而出的男性亲属与自女性而出的男性亲属严格区分。如父亲的兄弟之子称堂兄弟，父亲的姊妹之子称表兄弟；兄弟之子称侄，姊妹之子称外甥；儿子的儿子俗称孙子，女儿的儿子称外孙等等。这种"二分法"之所以是必要的，是因为父之姊妹、己之姊妹、己之女儿或者任何在族外婚制度下嫁到别家族去的女性宗亲及其后代，按父系世系的原则，都已经不再属于自己这个家族了。

正因为有了这种区分，在家族中人的观念上，宗亲与"自己"的关系被认为比非宗亲更近，即使其亲等完全是一样的。这一点在丧服制中有着最充分的体现。如对祖父、祖母的服丧期是一年，但对外祖父、外祖母的服丧期仅为五个月；对伯父、叔父的服丧期是一年，但对舅父的服丧期也仅为五个月。更有启发意味的是，未婚女性宗亲与已婚女性宗亲在服丧期上也有明显差别，如对尚未结婚的姑姑，服丧期为一年，即与叔父同等，但如果已经结婚，那么就降低一个等级，减为9个月。① 这无异是说，父系女性亲属只要没有结婚，仍是本家族的成员，但一旦结婚就属于其丈夫的家族，亲疏关系就外了一层。

另外，在父系亲族与母系亲族的关系中也存在一些细微的差别，祖父之于外祖父，叔父之于舅父自不待言，姑母之于姨母也有区别，即使是她们所生的后代都合用同一个"表"字。"表"的字义在这里显然是"外"的意思，因为姑母、姨母的子女都在自己的家族之外。但其中又有差别。如《红楼梦》中贾宝玉对林黛玉、薛宝钗的关系就有明显的差别。在

---

① 参见冯汉骥著《中国亲属称谓指南》，上海文艺出版社1989年版，第32～35页。

此书中，贾宝玉曾对林黛玉说"疏不间亲"，其中当然有个人情感因素在内，但作为一个堂而皇之的理由，显然是因为薛宝钗与贾宝玉是姨表兄妹，而林黛玉则与贾宝玉是姑表，关系自然不同。

中国传统社会的家族制度下，每个人都是一个中心点，以自己为中心都可构成一幅家族关系图。中国传统社会的结构正是由这无数个家族关系图所拼凑成的有机体。它到处是中心点，却没有一个固定的中心。这一幅家族关系图，若再与外戚九族、内亲九族相加，那就形成了一个个密密麻麻的关系网络。这些关系网络相互类似，却绝然不同，任何两个人都不会有完全相同的亲属关系网络。以最为亲密的同胞兄弟而言，他们可以有相同的父系亲属、母系亲属，但各自结婚以后，妻子、儿子各不相同，内亲九族也绝然不同。

由父系九族、母系九族及内亲九族所构成的关系网络，虽然各不相同，却又可相互延伸。如对父系亲属而言，可以"五百年前是一家"，只要是同姓，就总有些血缘关系在；对外亲，又可以是"一表三千里"，传统家庭中那些拐弯抹角的亲戚令人啼笑皆非，却又事实俱在，不由你不认。

在此基础上，这一庞大的关系网络还可与地缘关系结合，所谓"胙之土而命之氏";(《左传·隐公八年》)还可与共奉同一种宗教的神缘关系、与同行业及同窗之友的业缘关系、与生产同种物品而结成的行会等物缘关系相融相合,进而使这原本已十分严密而庞大的关系网络,更加严密,更加庞大。中国人,正是生活在由这种种关系所结成的密密匝匝的网络之中!

当然,这种种带有浓厚宗法意味的关系网络,其母体还是家族关系。在中国"五伦"中父子、夫妇、兄弟,亲缘家族关系占了三个,而君臣、朋友关系也是由亲缘家族关系推衍而生。在这里,"孝"是中国道德的本位,由孝亲可推及为忠君,所谓"君子之事亲孝,故忠可移于君;事兄悌,故顺可移于长"。(《孝经·广物名》)由此,宗法家族成为"国"与"民"之间的中介,"国"与"家"因而彼此沟通。"家是小国,国是大家"①。在家庭、家族内,父权制家长地位至尊,权力至大,所谓"家人有严君焉,父母之谓也"。(《易·家人》);在一国之内,君主至尊,权力至大,犹如全国子民的严父,所谓"夫君者,民众父母也"。(《新书·礼三本》)父权制家长

---

① 有关家国同构的论述,可参见冯天瑜等著《中华文化史》第 4 章第 1 节。

因其血缘上的正宗地位，理所当然地统率其家族，而且这一正宗地位亦不因其生命的中止而停辍，而是通过血脉遗传，代代相继。同样，君主自命"天子"，龙种高贵，君王驾崩，君统不辍，由其嫡长子自然承袭，如是者不绝。简而言之，父为"家君"，君为"国父"，两者互为表里，治国、齐家相互为用。君父同伦，家国同构，宗法关系因之而渗透于社会整体之中，恰如梁启超所言：

> 吾中国之社会组织，以家族为单位，不以个人为单位，所谓家齐而后国治是也。周代宗法之制，在今日其形式虽废，其精神犹存也。(《饮冰室合集·专集·新大陆游记》)

八 家的震荡与裂变

家庭是历史的塑造；历史的长河负载着家庭的日出日落。伴随着历史的推移，家庭也在不断地变迁。

但是，古往今来，历史的岁月从来没有像近现代那样能对中国的家庭带来如此强烈的震荡，能使中国的家庭造成如此重大的裂变。这其中的原因是什么？

是"孝"的本身所存在的治命盲点。

由此，带来了传统社会家庭风俗所带有的虚伪和铜臭色彩，在铸造了传统家庭表面上稳固框架的同时，也导致内里的冲突。于是，传统时代的人们即对传统的礼俗开始了抗争。

近现代，终于在传统的家庭中形成了强烈的地震。从此，家中的风俗开始变了。

（一）孝的盲点

在传统社会中，历代封建王朝皆以"孝"治天下相标榜。自汉武帝"罢黜百家，独尊儒术"之后，儒家俨然而成儒"教"，拱木已朽的孔子更以圣人的身份实质上成为儒教的教主，号称"至圣先师"。与这相联系，孔子所著经典及后人所辑录的孔子的言论则被盲目地尊奉为不可怀疑的"真理"，儒家所宣扬的"孝"道自然也被历代王朝奉为教化万民的圭臬。

在孔子的笔下，"孝"的精神实际上就是一种发自良知、求其在我的精神。为人子者，对父母生则养，死则祭，这纯然是发乎父母与子女之间骨肉至情及子女反哺报恩的真情流露。至于父母是否接受？世人如何评议？那是没有必要深究的，所谓"君子求诸己""但求心之所安"。再是在处理父母与子女之间的关系上，孔子主张"发乎情，止乎礼义"，而礼仪本身也有"情"的成分在内，"凡礼之大体，体天地，法四时，则阴阳，顺人情"。（《礼记·丧服四制》）但是，这一内在德行的自觉，经过政治上纯外在的宣扬推广，尤其是伴随着孝廉察举制的施行，已成为徒具形式的刻意追求，并平添了些许铜臭气！

汉朝以"孝"治天下。汉孝文帝时,首倡汉代察举孝廉之例。至汉武帝时,伴随儒术独尊,更加提倡孝子养亲,并使"孝廉"之制成为察举官吏中经常使用的一种科名。地方郡国每年要推举两人,"不举孝,不奉诏,当以不敬论,不举廉不胜任也,当免"。(《汉书·武帝纪》)这一诏令,把荐举孝廉当作地方官的一项重要职责,若不能推举,即是对皇帝的"大不敬",也是不胜任其官职的标志,应当免职,这就促使地方官将荐举孝廉制度化、经常化。从另一方面看,"孝廉"一旦被荐举,即可不经任何考试就任职郎署,然后既可内迁尚书、侍御史,又可外迁县令、县丞乃至刺史、太守,饱享荣华富贵。这双方面的合力作用,使汉代孝行大盛,一部流传千古的《二十四孝》,所载汉代至孝、大孝者,就超过三分之一。这种强力推行与现实利益刺激的做法,已足使以"致良知"为本义的"孝道"僵化变质,而徒然成为一种形式和躯壳,不但孝的本义丧失,甚至变为实质上的非孝。如"戏彩娱亲"中的周老莱子号称至孝,"行年七十,言不称老,常着五色斑斓之衣,衣婴儿,戏于亲侧"。一个年届七旬的皓首老翁,穿着花花绿绿的小孩衣服,学着婴儿的样子,扭捏作态于父母膝下,着实令人肉麻。再如"为母埋儿"中的郭巨,

"有子三岁，母尝减食与之，巨谓妻曰，贫乏不能供母，子又分母之食，盍埋此儿？儿可再有，母不可复得，妻不敢违"。因为无力供养自己的母亲，而把三岁的儿子活埋，其理由仅是儿子"分母之食"，试想这将置老母于何地？以道理论，这不就是郭巨的母亲间接地害死了自己的"孙儿"吗？这将"陷母亲以杀孙之名，不孝之大者"！可见由于汉代士大夫们竞相推崇的结果，已使孝违背了人之常情，而陷入虚矫沽名。

在现实的"功名利禄"的刺激下，一些才德低劣之人，也冒称"德行高妙，志节清白"，以骗取乡闾舆论，以登清流。据《后汉书·陈蕃传》记载，有一个叫赵宣的人，为了捞取孝子之名，假装为父母在墓道中守孝二十多年，乡闾之人称他为大孝子，名声大振。州县官吏多次礼请他出来当官。后来被郡太守陈蕃发现赵宣竟在守墓期间连生了五个儿子，便以"诳时惑众，诬污鬼神"之罪处治了他，其葬亲守孝的虚伪、丑恶之态终为人们所认识。

赵宣的劣行为人识破，贻笑千古。但也有人用更为卑劣的手段，成功地骗取高官。据《后汉书·许荆传》记载，许荆的祖父许武采取在分家产时"自取肥田广宅奴婢强者"的办法，先自冒"贪婪"的恶名，使他的两个兄弟许晏、许普以"兄弟克让"的美名被荐举孝廉，然后自己又把多占的资财"三倍于前，悉以推二弟，一无所留"。于是获得更高的声誉，被朝廷加官晋爵。这两个事例，可以看出当时的所谓"孝""悌"之士是如何不择手段，挖空心思去沽名钓誉。所以两汉之世，孝廉察举轻滥，流弊百端，必然把"孝道"引入歧途。至宋明理学创立，孔子已被装扮成"人心唯危、道心唯微"的拯救者，他与孟子的"食、色性也""发乎情，止乎礼义"，也被演化成"存天理，灭人欲"，成为赤裸裸的禁欲主义说教。他的对父母生、死、祭均应无违于周礼的"无违"，也被演绎成子女对父母的"片面的道德"，即一切均不能有违于父母的意愿。这就随之出现了另一个问题，父母并非是"无言的存在"，而是活生生的、有七情六欲的现实中人。他们会依照自己的生活习惯、脾气性格，产生出种种非理性的妄念，提出一些非理性的要求，于是作为子女便无法全然依从他们片面的欲望而达到求其在我的孝德了。这样在"孝"的问题上便有所谓服从于"道义"还是屈从于"父母"的冲突。传统的孝道因之也就构成了一个两难的课题，面临着尴尬的处境。

当然，这种冲突在父母通情达理，并易于接受子女孝心感召的情况下，并不成其为问题。但是，当世人眼界大开，欲望横流或脾性怪诞、无可理喻的情形之下，作为子女就不得不横受无限的委屈而导致内心道德精神的压抑、伤损乃至销蚀无余了。所以，古人称："人子得贤父母事之，幸也。"（江衡：《论孝》）这正是在道德冲突之下发自内心的慨叹。

对这种现实的冲突，孔子及其先儒圣哲们并没有提出根本解决的办法。孔子在曾皙怒杖其子曾参之后，只能劝诫曾参"小杖则受，大杖则走"，以免陷亲于不义。（《孔子家语》）孟子曾见匡章谏父无效，而被迫把妻子休掉，把儿子送出家门，但也只能报以同情的一叹，无可奈何！所以，孔子奉劝人们：

> 父母有过，下气怡色，柔声以谏。谏若不入，起敬起孝。悦则复谏……父母怒不悦，而挞之流血，不敢疾怨，起敬起孝。（《礼记·内则》）

子女在父母行为有过失时，只能委婉巧谏，暂时忍耐，即使是被打破头，也应孝敬如常！

但是，即使如此也不能解决孝子心中"理与非理"的冲突。例如，父母或激于盛气，或狃于偏见而得罪了州闾乡亲。为子者于此，"顺之则助虐，逆之则拂情"，进退两难！再如，

"小杖则受，大杖则走"，话是如此说，但"走"则拂亲之心，违反服罪之义，"受"则易致失误，将陷父母以杀子之名，还是进退两难！

历代的家训中也有很多注意到这个问题。宋代的《袁氏世范》对这一问题就有所阐释：

> 若父兄言行之失，显然不可掩，子弟止可和颜劝谏，若以曲理而加之，子弟尤当顺受，而不当辩。为父兄者又当自省。

可见，即使是父兄的过失已无法掩盖，子弟也只能和颜悦色地规劝，而且还须逆来顺受，不能据理力争。为父兄者当自省，那么他们不去"自省"又当如何呢？

儒家先贤圣哲为自己"孝"文化中的"盲点"所蒙蔽，对孝子心中"理与非理""孝与非孝"的激烈冲突，终于未能找出根本的解决办法。这一冲突再加之政府对父权的强力支持，而最终愈演愈烈。① 于是，在传统的家庭中，"子不言父过""天下无不是的父母"也就被奉为教条。"父要子死，子不敢不死；君要臣亡，臣不敢不亡"的愚孝愚忠，也被视为

---

① 在历朝律法中，大多明确规定子孙有殴骂不孝的行为而被父母杀死，可以免父母之罪，即使非理杀死也无罪。

理所当然。中国的忠臣多矣！而一旦帝王无道，却只知道面折廷争，以至尸横阙下，也终无异辞。中国的孝子多矣！而一旦父母无休无止地提出一些非理的要求，却只能陷于进退两难之境而不克自拔，即使为孝而死，也无怨无悔。《后汉书·列女传》就记载了一名叫赵阿的妇人，因公公一再要她劝诫丈夫弃恶从善而感到万分为难，她去劝丈夫，如果不起作用就是有违公公的意愿，是她自己不孝；如果起了作用就是丈夫违抗父命而从妻命，是丈夫不孝。在这两难之中，她选择了自杀！

赵阿的举动，就现在看来也许是荒诞不经，毫无道理。但在"孝的盲点"笼罩下，又是唯一的选择。因为她无法从"如何不使父母以非理性的暴虐加诸子女"这一点上去考虑，以求得问题的根本解决。这不仅是"孝"的盲点，也是中华文化中的一大盲点。[1] 这种无奈情怀，随着历代的沉积，到明清时代更是愈演愈烈，父母之命的驳杂僵固日益严重，而孝子心中的道德精神则日渐衰退，中国的传统家庭正面临着前所未有的震荡与危机。

---

[1] 参见《中国文化新论·思想篇·天道与人道·孝道观念的发展》第238～239页。

（二）礼的抗争

中国素称"礼仪之邦"，对世俗中的一切都喜欢讲求"礼"，在传统家庭中更是父子之间、兄弟之间、夫妇之间皆有交接之礼，言行举止要合于礼，违背了祖宗家法要以"礼"惩戒。总之，中国传统家庭似乎人人都应依法矩行事，都应遵循相应的礼仪。

如果说先秦诸子对"礼"所规范的家庭生活行为、心理情操、是非善恶观念中还有些许"情"蕴涵在内，那么宋明理学对家庭礼法秩序的重构，就把"礼胜于情""礼大于情"推向了极端，从而使家庭这个原本该温情脉脉的"人生港湾"变得异常冷酷。家庭中的个人永远是被规定、被制约的对象，个体性、主体性全然被消融于尊卑有等的名分之中，任何异议，任何个性表现，都为礼法秩序所不容！

"推本而言，礼只是一个序"，（《二程遗书》卷18）只是一个具有贵贱等差秩序的网络。它只承认人伦关系网络的存在，而根本否认个体的独立价值。戴震曾对此大加挞斥：

"尊者以理责卑，长者以理责幼，贵者以理责贱。虽失，谓之顺。卑者、幼者、贱者以理争之，虽得，谓之

逆。(《孟子字义疏证》)

由于礼法秩序的长期浸染，在中国国民中就造成一种主奴根性。① 在家庭中一个人既为人子，又为人父，那么其主性和奴性就兼而有之，他既可以随心所欲地支配和役使在他之下的"子"，又只能被动地服从在他之上的"父"的役使和支配。由此就造成了鲁迅笔下无数的"吃人筵宴"：

> 因为自己有役使别人，吃掉别人的希望，便也就忘却自己同有被奴役、被吃掉的将来。于是大小无数的人肉的筵宴，即从有文明以来一直排到现在。(《鲁迅全集·第1卷第127页》)

由于"礼"在家庭文化中不是被用来培养人际亲情，而是确认个人在人际网络中所处的"联结点"，因此对礼的体认就必须压制、约束任何带有自我色彩的"人欲"，要"克己复礼"，即"非礼勿视，非礼勿听，非礼勿言，非礼勿动"。这就使人在家庭中连坐、立、说、笑都要合乎礼的规范，朱熹就有"话莫高声，笑莫露齿""坐如尸，立如斋"的话流传于世。(《朱子语类》)人与人之间的亲情已完全被"礼法"所掩埋。

---

① 冯天瑜等著《中华文化史》下卷，上海人民出版社1990年版第654页。

从"存天理，灭人欲"的原则出发，理学家们将礼法秩序对妇女的拘束推向了极致。在传统家庭中，地位最低的是女子，承受生活苦难最重的是女子，受礼教秩序桎梏最为深重的还是女子。宋明理学先把对妇女的德行上升到"家之隆替"的高度，然后以这神圣的色彩为依据，将女性层层束缚，严加防范。作为家庭中的女性，应该"勿出中门，勿窥穴隙，勿越墙垣""惟女之容，贵于和婉。坐立恭庄，步履祥缓。头容常直，目容常端"。(《女教篇》) 理学家更对妇女贞节操守表现出狂热的关注，"人在世，终要死，莫得守节谁不耻。情愿死，不失节，节是妇女第一德"。(《妇女一说晓》) 婚前的童贞和婚后的节操对妇女来说，已经重要到了如此的程度，以至于妇女们要不惜用任何手段，乃至生命为代价去捍卫它，所谓"饿死事极小，失节事极大"。

宋代以后，官府对烈女节妇的彰奖无论在规模还是在数量上均远远超过前代。明代更由朱元璋首倡为节妇贞女立贞节牌坊，并"除免本家差役"。(《明会典》) 这"名"与"利"的双重诱导，大大增强了妇女守节的社会效力。一妇守节家庭可受褒奖，可免除本家差役，这就促使寡妇的本家夫家为图名利而强制媳妇女儿守节。所谓"族人欢笑女儿死，请旌籍以传姓氏"。(《癸巳类稿·贞女说》)由于宋明理学的高帜传扬,社会上寡妇不嫁、处女守贞早已成为人人皆同的平淡故事,而要得到朝廷表彰,就要惨毒酷烈,富有刺激。于是,在《明史·烈女传》中就有了自己割鼻、(图21)挖眼、削耳、(图22)截肢、毁容誓死不嫁的节妇。有了上吊、跳井、剔颈、跳河的殉节或受侮死烈的节妇;有了妻女姬妾集体殉节的节妇及丈夫未死、盗贼未到提前殉节的节妇。更有甚者,一些节妇穴墙而居,几十年不见天日,饮食便溺皆由口袋递传。由于朝廷的强力彰显,"一门数烈"已成为家族中极大的体面,众家庭于是把劝诱妇女贞烈当作光耀门楣的捷径,不仅想尽办法,挖空心思让节妇守得苦、死得惨以追求刺激世道人心的强烈效果。同时,为贪图荣利而冒填寡妇年龄、延长守节期限等等作弊生伪的情状也屡屡发生。明清时代,从喧闹的都市到荒僻的乡村,那街道两旁与街道平行而立的一座座贞节坊、烈女妨,凝聚了封建礼教下多少妇女"孤灯挑尽未能眠"的痛楚情感,包含着多少妇女"适成忍而残杀之具"的血泪辛酸!可以说,到明清时代,贞节操守已完全失去了继嗣纯种的意义,"无论是女性的保守贞操与出卖贞操,还是男子强迫女子守贞操,抑或破坏与收买女子贞操,都是一种病态和畸形——女性的极端依附、人格泯灭和男性的极端专横与自私"。①

图 21　梁寡割鼻

---

① 杜芳琴：《贞淫道德纵横谈》，载《华夏女性之谜》三联书店 1990 年版第 107 页。

图 22　房氏截耳

深受宋明理学浸染的士子，由于把人生意义的追求指向内在的完善与超越，而鄙弃事功，脱离现实，"低头拱手，高谈性命"，"正其义不计其利，重其道不计其功"，把生活家计抛却一旁，追求"箪瓢陋巷非可乐，盖自有其乐"（《二程集·遗书》）的虚无。元代辑录的《二十四孝》中"为母埋儿"，就是一个血淋淋的例证。家中无粮何不力耕？家中无财何不经营？何至就因此而忍心将自己亲生的三岁儿子活活埋葬！其原因就在于在封建礼教下，物质的欲望是不道德的、低贱的，是为礼教所禁绝的，舍生取义却是礼教所倡导的人生境界。

在清代思想家中，对封建礼教抨击的斗士首推戴震。他将人欲视为自然，将天理视为必然，"有欲则有为"，"无欲则无为"，而人活世间，"无欲无为，又焉有理？"因此他把"绝情欲"之论，直视为祸毒天下，成为尊者、长者、贵者满足一己之欲而虐杀卑者、幼者、贱者的器具，发出"理欲之辩，适成忍而残杀之具"的悲愤呼喊。（《孟子字义疏证》卷上）在明清时代的许多文学作品中，也为反禁欲、反礼教的人们唱出了热情的赞歌。蒲松龄的《聊斋志异》从理想的、浪漫的层面，对爱情力加抒写，对封建礼教痛加贬斥。曹雪芹笔下的贾宝玉更是一个反抗礼教的"孽根祸胎"。他反对举世沉迷的科举制度，痛骂匍匐于"功名仕进"下的士人为国贼、禄蠹。林黛玉则把全部心思都用于"非女儿本分"的读书写诗，并把当时视为邪书的《西厢记》记得烂熟。正是对封建礼教的叛逆与抗争把宝、黛两人引向了爱情，并以此强化了二者的叛逆性格。

传统文人耻言营利的观念也为明清时代的进步人士所抗拮。出身于书香门第的唐甄曾官任知县，晚年转而经商，被人视为人格的贬损。他愤怒地指出："我之以贾为生者，人以为辱其身，而不知所以不辱其身也。"（《潜书》）钱大听在《十驾斋养所录》中专列"治生"一条，认为"与其不治生产而乞不义之财，毋宁求田问舍而却非礼之馈。"陈确更对此详加阐发：

> 学问之道，无他奇异，有国者守其国，有家者守其家，士守其身，如是而已。所谓身，非一身也，凡父母兄弟妻子之事，皆身内之事。仰事俯育，决不可责之他人，则勤俭治生洵是学人本事。（《陈确集·学者以治生为本论》）

说得再是明白不过，人若连父母妻子都不能养活，学问何用？"岂有学为圣贤之人而父母妻子之弗能养，而待养于人者哉"！

明清时代人文主义思潮的涌动，正是以对封建礼教的激烈抗争为主要标志的。一批进步的思想家激愤于礼教传统对人性的压抑、对功利追求的鄙视而口诛笔伐，"从孔子的易系辞传开起刀来，直把许多伪书杀得落花流水"。（梁启超《中国近三百年学术史》）传统"礼教"的动摇，展现了古老中国的家庭文化正执着于突破中世纪的束缚而向近代新式家庭曲折演进。

（三）高公馆，难以维持的家

高公馆，是称之为"热血青年文学火炬"的巴金先生所著激流三部曲——《家》《春》《秋》中展示给读者的典型场景。《激流三部曲》以"五四"的浪潮波及闭塞的内地——四川成都为背景，真实地写出了高家这个很有代表性的封建大家庭腐烂、溃败的历史，用巴金先生自己的话说，他"所要展示给读者的乃是描写过去十多年间的一幅图画"。（《激流·总序》）

高公馆外表上是诗礼传家的书香门第，但遮掩在这层帷幕后面的，却是内部的相互倾轧，明争暗斗，腐朽龌龊，荒淫无耻。为了维护这个以封建礼教为支撑的面临崩溃的家，以高老太爷和克明为代表的那些卫道士，竭力奉持着礼教和家训，压制一切新生事物，甚至不惜以牺牲青年为代价。这就更加深了新与旧、封建家长与被压抑者的矛盾，并使年轻人遭受巨大的痛苦。在《家》中，就有梅的悒郁致死，瑞珏的临产丧生，鸣凤的投湖自杀，婉儿的被逼出嫁及觉慧的愤然出走……所有这些人生的不幸与反叛，无不是封建家庭礼教和迷信迫害的结果。作者通过这些描写，对他们表现了深切的同情和悲愤，并向面临崩溃的封建家庭礼教乃至垂死的封建制度，发出了"我控诉"的呼声。①

巴金出身于四川成都的一个官僚地主家庭，从小目睹了封建大家庭内部腐朽堕落、钩心斗角的生活方式及传统礼教压抑、摧残青年一代的暴戾行径。正是他自身的特殊经历，使其对《家》中人物的描写丰满真实，栩栩如生。在《家》中，描写最成功的人物当数"高公馆"这个传统家庭的君主——高老太爷。他尽管年轻时搞过玩妓女、花旦的荒唐把戏，但毕竟不失为方方正正的传统道德礼教的化身。因而，并不是他的凶残暴虐造就了他"君主"的地位，而是礼教传统下的父权制家长的特殊权力造成了他的凶残暴虐。他把鸣凤送给冯乐山，并非存心造成青年人的爱情悲剧，而是以一件在他看来无足轻重的"物品"，去履行对朋友慷慨承诺的"大义"；他答应冯家侄孙女与觉民的婚事，也并非存心摧残觉民和琴的爱情，而是按照一种千百年沿袭下来的婚嫁通例，与

---

① 参见《中华文学通史》第 6 卷有关章节，华艺出版社，1996 年版。

门当户对的书香缙绅之家结秦晋之好；他囚禁参加社会运动的觉慧和责骂浪荡成性的克定，尽管性质、效果不同，但其用心又何尝不都是为了使这个"四代同堂"的家族长盛不衰？在高老太爷临终之日，变得格外慈祥亲切，他饶恕了觉民的抗婚行为，教诲子孙扬名显亲，"人之将死，其言也善"，流露出一种传统礼教下家庭的脉脉温情。如此描写高老太爷，深刻地体现了巴金"憎恨的并不是个人，却是制度"的创作意图。既然高老太爷这般正统的封建尊长尚且犯下如此令人发指的罪孽，那么传统家族制度的黑暗就更是令人触目惊心地普遍存在了。既然如此正统的高老太爷如此煞费苦心地维护显赫一时的高公馆，也未能挽救它的分崩离析，那么封建家族制度的彻底崩溃便是不可抗拒的历史必然了。《家》和整部《激流三部曲》所反映的封建家族制度的罪恶，乃是特定历史时代的"正常"的罪恶，它所描写的人间悲剧，乃是特定历史时代的"平凡"的悲剧，① 因而具有广泛的社会意义。

然而，"高公馆"里的矛盾与冲突，毕竟是发生在"五四"时代。"五四"的浪潮掀起了青年一代的热情和理想，也

---

① 参见杨义著：《中国现代小说史》第 2 卷有关巴金的章节，人民文学出版社 1988 年版。

加深了他们对传统礼教和家庭制度的憎恨。在这一浪潮的冲击面前，不仅"高公馆"已难以维系，而且许许多多类似于高公馆的传统大家庭同样摇摇欲坠。

的确，"五四"时代是对旧的传统礼教大加鞭挞的时代。陈独秀在《新青年》创刊之时，就将妇女解放问题提了出来。他在《新青年》第一卷发表《1916年》一文，宣称："夫为妻纲，则妻子于夫为附属品，而无独立自主之人格矣。"他号召"自负为1916年之男女青年，其各奋斗以脱离此附属品之地位，以恢复独立自主之人格"！李大钊则在《现代的女权运动》一文中指出："二十世纪是被压迫阶级底解放时代，亦是妇女底解放时代；是妇女寻觅伊们自己的时代，亦是男子发现妇女底意义的时代。"1922年召开的中国共产党第二次全国代表大会，专门通过了《关于妇女运动的决议》，倡导妇女解放。1930年国民党政府公布的《民法·亲属编》则以法律的形式规定了男女平等、婚姻自主，并规定了由夫妻关系而产生的亲子关系和亲属关系。这一切，对于破除封建礼教和旧的家庭制度都起到不可低估的作用。

与之相联系，越来越多的青年女性走出家庭，进入社会。据1922年统计，全国高等学校女生总数达到665人，全国受过教育和正在接受教育的女子，总数已达 50 万人。[1] 另外，职业妇女也开始出现，工厂中的女工日益增多，各类学校开始接纳女教师。其后，医院、铁路、银行等部门也开始吸收女职员。到二三十年代，中国产业女工数目已大约 50～55 万人，其中仅上海一地就有 15 万，[2] 并基本形成了带有阶层特点的群体。

"婚姻自主""社交公开"也成为这一时期的突出口号。先进青年以极大的勇气冲破男女有别的陈腐观念，在爱国主义运动中实践并推动着社交自由。创办女子学堂和倡导不缠足，更成为社会上的时髦事情。同时众多的青年男女不满足于旧的婚姻制度，对其口诛笔伐，甚至抗亲、出走。更有甚者，竟不惜以死来反抗不合理的婚姻制度。1919 年 11 月，长沙发生的新娘赵玉贞为抗议包办婚姻而在花轿中自杀一事，就曾震动了全国。到二三十年代，城市中自主婚姻的趋势已十分明显，离婚率明显增多，其理由则主要是反对男方虐待。

这一切无疑表明，进入 20 世纪后，中国妇女解放运动已

---

① 戴伟：《中国婚姻性爱史稿》第 375 页。

② 闵家胤主编：《阳刚与阴柔的变奏》，中国社会科学出版社 1995 年版，第 363 页。

取得了一系列重大成就，旧的封建礼教及家庭制度正受到日益强烈的冲击，它预示了中国家庭发展史上一个新纪元的到来。

九　家的困惑与畅想

解放了，天亮了。人民当家做了主人，家的风俗也在不知不觉中发生了变化。

但是，家中仍有数不清的困惑：

难道，家中的男女平等非矫枉过正不可，代之而起的是男子在家中做"小媳妇"？

难道，批判了传统的孝，代之而起的非是将年迈父母扔在一旁，无人赡养不可？

难道，改革开放，学习西方，非以高离婚率、多家庭离异子女为代价不行？

……

这城里乡里，乡里城里所出现的等等一切，是家庭问题的表现，也是纯朴家风的沦丧。

　　对此，我们不必去哀叹世风不古，因为今天总比昨天好，明天又必定比今天强。但是，面对这种种家庭问题的存在和多发，人们不能不对家庭进行反思，在反思基础上有所畅想。

（一）长相思，渐成梦

　　新中国成立后，中国的家庭婚姻状况发生了根本性变化的同时，家风也为之一变。

　　男女平等、婚姻自由成为中国家庭婚姻的主流。首先，在中国延续了两千年之久的包办强迫、男尊女卑、漠视子女利益的封建主义婚姻制度被彻底废除。重婚、纳妾、童养媳等封建毒素也被法律所明令禁止。其次，确立了男女婚姻自由、一夫一妻、男女权利平等、保护妇女和子女合法权益的新型婚姻制度。再次，用法律的形式强调了家庭中父母对未成年子女的责任，明确了祖父母、外祖父母和孙子女、外孙子女之间，以及兄弟姐妹之间的经济责任，并对扶养、抚养、赡养、收养、继父母、继子女关系等问题，并做了极为明确具体的规定。复次，妇女的权益得到政府权力的保障。1953年，政务院颁布《中华人民共和国劳动保险条例》，规定女工、女职员在生育、产前产后给产假56天，产假期间工资照发。1956年，国务院公布《关于工资改革的决定》，规定在劳动就业和劳动报酬方面，必须实行男女平等、同工同酬的原则，不得歧视妇女。据1985年的统计，全国现有女职工4500万，占职工总数的36.3％。[1] 1988年的统计数字则表明，全国女干部已接近800万人。在科技队伍中，女专业技术人员占36.5％。[2] 妇女成为推动社会发展的重要力量。最后，通过计划生育，适当调整人口增长速度、年龄构成及地域分布。1980年的《新婚姻法》总则部分，明确规定要实行计划生育，并将之作为夫妻双方的共同义务。从现实情况看，人们的婚爱观、生育观已经开始发生变化。据1979年中国社会科学院社会学研究所和青少年研究所在北京城郊和四川地区的调查，绝大多数人只希望生一个至两个孩子，尤其是城市家庭更希望少生孩子。凡此种种，都体现了新中国建立以来在婚姻家庭关系中所取得的进步。

改革开放以来，以经济体制改革为核心的全面社会改革，为家庭的发展变化创造了条件，增添了动力，并为中国的传统家庭模式带来了一系列新变化。

---

① 康克清：《节日谈心》，载《人民日报》1987年2月28日。
②《人民日报》1988年3月8日。

就农村家庭而言，其生活方式已渐趋摆脱传统形式，表现出一些新的发展趋势：① 从封闭向开放发展，不仅农村内部联系加强，农村与城市间的联系也日益频繁；② 省吃俭用以图发家的低消费观逐渐被追求高档的消费观念所取代；③ 从片面追求物质生活的满足，转向物质与精神并重。

就城市家庭而言，① 家庭结构日趋向"核心家庭"演化。家庭规模小型化、家庭层次简单化、家庭成员平等化，已成为城市家庭的主流。据统计，1982 年，城市家庭平均人口为 3.95 人/家，同年农村平均家庭人口为 4.75 人/家。由父母与子女构成的三角核心家庭在城市中已成为主流，绝大多数子女结婚后都离开父母，独立门户。在家庭关系上，男女之间已趋平等，并出现越来越多的以"妻"为主的家庭，家庭开支、家庭决策、家庭生活趋于民主。② 家庭生活的现代化超过农村，生活方式文明程度提高。城市家庭消费水平大幅度提高，家庭生活内容丰富化、全面化，而且家庭同社会生活的联系日趋广泛，家庭成员几乎每个人都有自己的家外交际。③ 家庭生活面临着巨大的压力。在城市家庭中，家务劳动，子女教育，住房问题，子女入托、就学、竞争、升学、就业，丈夫与妻子间的内部分工等问题日益严重。这些都表明，伴随着经济的发展，世风在变，家风也在变。

不过，应该指出的是，家风变革的主流虽趋向于民主、平等与和谐，但也有某些家风向更加丑恶、铜臭、庸俗的倾向变化的趋势。在农村中，婚礼越要越多，甚至出现了买卖妇女的现象；儿子结婚即与父母分家，不赡养老人的事件屡屡发生；儿女下学即离开农村，把繁重的农业生产扔给父母；不尊敬老人的现象司空见惯，爹娘围着儿女的意志转。如此等等，不一而足。在城市中，家庭的观念淡化，青年人结合随便，离婚随意，独身主义似有漫延之势；未婚同居所在多有，性生活与婚姻出现分离趋势；卖淫嫖娼等丑恶现象死灰复燃，几经打击仍然存在。如此等等，亦不一而足。这些问题的出现，表明在新的形势下，中国人对家庭生活开始淡漠了。

那么是什么原因导致人们对家庭生活的淡漠呢？

（1）家庭功能的退化必然导致家庭观念的淡化。

家庭功能是维系家庭存在的基本因素。在传统家庭中，从生产到消费、从生活到娱乐、从物质到精神，家庭的功能无所不包，家庭的影响无所不在，夫贵妻荣、夫辱妻贱；一人得道，鸡犬升天等等观念，把家庭中的每一个成员都联结为相依为命、荣辱与共的共同体。但是，文明的发达和经济的进步瓦解了这一切。商品经济的时代，家庭已不再是生产单位，而只是生活和消费单位，男女双方的收入已不会导致彼此离异后的经济困境，彼此的依附性减弱。在这一前提下，人们变得更加追求个性，讲究自主。这无疑增加了家庭中的不稳定因素。

(2) 享受爱情、享受幸福却又不愿为家庭所累。

家庭是婚姻的产物，家庭衰落的实质是婚姻危机。在当今中国社会，以爱情为纽带的家庭在某些情况下反而没有过去以尽义务和责任为纽带的家庭稳定，其原因就在于，现代社会提高了人们对婚姻的期望值。尤其是一些涉世不深的少男少女，把婚姻看成是文学作品中的浪漫情事，"三快"（相识快、结婚快、离婚快）就成为必然。因为现实中的家庭存在许许多多的具体问题，需要夫妻双方共同努力。但在西方一些性解放及享乐思想的影响下，越来越多的人不再愿意承担家庭的义务，而只企图从爱情中分享幸福。另外，爱情作为人生的一种情感，其本身也是不确定的和可变化的，但婚姻则要求夫妻双方必须专一、相互忠诚。一旦爱情在婚姻之外发生，那么婚姻就变成无法忍受的牢笼，家也就变成了

"枷"。这实际上是对责任的逃避。

（3）宽容的社会环境为"随心所欲"的家庭观念出现创造了条件。

当今社会，无论是宗教、法律，还是人们的观念、舆论，都对离婚和婚外性行为表现出了异乎寻常的宽容，这是一种适应，也是一种怂恿。就独身而言，假若在 20 年前，人们肯定会认为独身者不是穷得要命，就是怪癖得要死，而现在却被冠之以"单身贵族"，颇受人们的垂羡。对通奸和同居，从封建时代的重罪处死，到后来的轻罪受罚，再到现在无罪免咎，一些人已将之从隐蔽走向公开，并毫不为耻。对离婚，我国法律保护和支持正当的离婚，并把感情是否破裂作为能否离婚的原则条件加以确定，离婚的程序也日趋简便易行。

在离婚问题上尤其需要特别关注的问题是"妻休夫"的现象日渐增多。据统计，重庆市沙坪坝区法院 1983 年审结了 577 件离婚案，女方起诉的 421 件，占总数的 73％。武汉市中区法院自新《婚姻法》公布以来，女方提出离婚的占 70％以上。[①] 产生"休夫"现象的原因是多方面的，大致而言：

---

① 戴伟：《中国婚姻性爱史稿》东方出版社，1992 年版，第 450～451 页。

① 婚姻观念变更使女子不再恪守"从一而终"的旧俗。② 妇女经济地位提高，降低了对男方的经济依附，并伴随温饱问题的解决使女性产生了更高层次的追求，自我意识增强。③ "望夫成龙"的期望得不到满足，当期望变成"失望"时，婚姻就随之瓦解，而把期望值再转到"下一个"身上。失望的因素很多，如丈夫平庸无才，不求上进，贪图玩乐，挣钱无门等等。④ 受性解放思潮或金钱引诱，不满足于丈夫的低收入，对丈夫产生厌恶情绪，而追求新的、高档次的社交方式，追新慕异，寻求新刺激。⑤ 一些家庭中的丈夫，大男子主义严重，对妻子的事业、工作不支持，迫使妻子提出离异。

近年来家庭内部变化的另一个重要现象是大男子主义荡然无存，"气（妻）管炎（严）"、"肤（夫）氢（轻）松"的现象日益严重。从一些社会学工作者的调查结果看，家庭内部权力移位已倾向于女方占尽优势了。上海市曾对500个家庭进行调查，结果表明妻子握有实权的家庭占22%，丈夫握有实权的占11%，平权家庭约占62%，说不清楚的占5%。① 在对一些儿童的调查中，也大多出现在家中"我爸怕我妈，我妈

---

① 戴伟：《中国婚姻性爱史稿》第460页。

怕我"的答案。可见，妻子占优势的现象绝非信口胡诌。

妇女在家庭中担任主角，其前提正在于她们在经济上已拥有了独立的地位，并在男女同工同酬的政策诱导下，使双方经济收入差距显著缩小，而且由于生理方面的原因使妻子在子女抚养方面占有主动地位。在此基础上，一些女性自视甚高，以家庭功臣自居，在日常生活中对丈夫颐指气使，乃至恶语相向，在家庭经济上则大权独揽，限制丈夫自由，在家务劳动中更把丈夫视为"劳动力"，在婆家、娘家关系的处理上，又过多地侧重于自己娘家一方的利益，稍有不满就以回娘家、离婚、性惩罚来要挟丈夫，这就从一个极端走向了另一个极端，男子传统优越感因此而受到极大损伤，家庭的矛盾和冲突也因而增多。

"幸福的家庭是相似的，不幸的家庭各有各的不幸"。家，是我们每个人的根。在这里，魂有所系，心有所依。从一而终曾经是人们真诚的信念，白头偕老更是夫妻之间的不倦追求。文明的发达理应为实现家庭幸福展现更光明的前景，但可悲的是，家庭危机日益深重，越来越多的人选择了叛逆式的独身、同居，也有越来越多的家庭走向离异。社会在为实现和满足人们的价值和愿望的同时，又不得不付出由家庭裂变而带来的子女抚养、教育，财产分割，老人赡养等一系列的沉重代价。个人和社会都面临着两难的选择：追求个人幸福、个人自由、个人价值的实现还是追求家庭的美满、子女的抚爱、社会的安宁？科学理论和社会调查都表明：单亲家庭子女往往心理畸形，不和睦家庭和被遗弃子女的犯罪率高得惊人。可以说，在家庭观念淡化的同时，社会则在为每一位当事者支付着惨重而高昂的代价！

无论如何，"在天愿作比翼鸟，在地愿成连理枝"式的"长相厮守"已渐渐成为人们心中的"梦"。任凭外面的世界多么无奈，回到家中就可以领受疼爱，享受关怀的幸福港湾已离人们渐渐远去。

（二）未来家庭畅想曲

社会学家孙本文先生曾在 20 世纪 40 年代前后于重庆出版《现代中国社会问题》四册，其中第一册即为《家庭问题》，书中详细论述了我国家族制度的演变，并提出了当时社会家庭问题的八个特点：

(1) 父系制，家庭递嬗，概由父统。

(2) 父权制，全家权力，集中于家长。

（3）大家庭组织，同一家庭中，包括二代以上直系亲属与旁系亲属。

（4）重视亲族关系，凡宗族戚党之人，皆视为休戚与共之分子。

（5）家庭经济共同，凡全家之人，各尽其力，以维持家庭经济，视全家为一经济单位。

（6）卑幼无自由，全家由尊长统治，卑幼子女，须服从尊长。

（7）男女不平等，重男轻女，相传已久，家庭中显有差别。

（8）重视孝道，孝为家族精神之中心：生事之以礼，死葬之以礼，祭之以礼，皆从"孝"字出发。①

孙本文先生所说的"现代"，已离现在五十余年，而这五十余年，中华民族历经了沧桑巨变。站在今天的角度，用自己的眼光去审视一下这8个特点，人们恐怕会发现家庭制度演进中的翻天覆地的变化。在这8个特点中，大概只有"家庭递嬗，概由父统"无大变更，其他7个特点均已丧失殆尽，成为

---

① 孙本文：《现代中国社会问题》，第一册，1943年商务重庆版，78～84页。

历史的陈迹。

婚姻是家庭的基础，家庭问题说到底是婚姻关系问题。纵观孙本文先生所列举中国家庭在 20 世纪 40 年代初的诸多特点，仍然可以清晰地看出传统家庭中父系、父权、父居、父治的影子。这四者中，父系、父居是前提，父权、父治是结果。但是随着时代的变迁，家庭关系已出现了巨大的变化：其一，传统的大家庭已逐渐演化为"父→己→子女"式的直系家庭，并向当代"己→子女"式的核心家庭迅速推进。在传承关系上虽然仍是父系，却辟新居，父权制家长已失去用武之地，以权威和服从为特点的父母、子女关系已发生了显著的变化。其二，在夫妻关系中，妻的地位已迅速上升，与之相伴随的是岳父与父亲之间的亲疏关系，也有了巨大的变更，岳父不再仅是外系、旁系，而是日益成为对小家庭能够产生重大影响的至亲。其三，家庭的主要功能也发生明显变化。其主要表现是它不再是一个生产单位，更不再是传宗接代、维持先人香火的单位，而是谋求家人幸福生活的单位和一个集体的消费单位。其四，在对养育子女的问题上，重男轻女的心理已不显著，家长们更重视的是对子女的教育，"望子成龙"的心情表现得比任何时代更为强烈。其五，在婚恋态度上，过去的父母之命、媒妁之言及男女之大防已渐渐消逝，男女之间的婚恋已有充分自由，父母之命仅供参考。约会、恋爱变得非常普遍。

我们应该怎样来认识家庭关系中这一系列变化的得与失呢？未来的家庭又当如何呢？

追本溯源，社会生产力的发展与进步是家庭变迁的基础。社会在不断演进，作为社会基本单位的家庭也必然随之一同改变。只有如此，才能负荷得起社会所赋予的新价值，才能与社会变迁相适应。在生产力水平低下，主要依靠体力创造价值的社会，妇女沦为男性的附庸几乎是一种时代的选择。妇女被困围于家庭，简单乏味的家务劳动不被社会所承认，也无法从丈夫那里获得报酬。她们的劳动被贬低到可有可无的地步，其成为附属品被视为理所当然。工业革命兴起后，大批妇女或迫于生活的压力，或为寻求家庭生活的改善，越来越多地走到了轰鸣的纺织机前。女性在承受劳役和剥削的同时，也向社会展示了她们所特有的能量与灵气，并从中获得了经济上的独立。过去依附于男人的时代随之结束，一个寻求自我、实现自我的崭新时代展现在了女性面前。工业革命对妇女解放而言，具有决定性的意义。由此，男子汉们的力量在威力无比的大型机器面前变得异常弱小，失去其"英雄本色"，人的力量再也不单纯表现为体魄强健，而是表现为智力发达。这一切，无疑为妇女的充分发展提供了条件。

古代中国社会曾建立起了人类文明史上最完备的父权制及与之配套的意识形态——封建礼教，"女治内，男主外"成为男女分工的基本原则，并由此区分了男女发挥才能的不同范围。伴随着新中国的建立，政府用政权的强力作用推行妇女解放、男女平等的政策，城市中的男女由此拥有一致的就业机会，拥有一致的工作报酬；农村中的男女由此获得同样的工作和劳动权利；在政府中也由此增添了必需的妇女干部。"妇女能顶半边天"，不再是一句空话。

究竟应如何评价这场妇女解放运动，这里不敢置喙。但是，就其对家庭关系所产生的影响而言，我们在充分肯定妇女日益成为推动社会发展的伟大力量的同时，亦应看到根深蒂固的父系文化传统在妇女解放的道路上设置了种种误区：其一，女子行为男性化。"男同志能办到的事，我们女同志同样也能办得到"。这是一句在中国大地上回响了几十年的女性解放宣言。它以男性为指标作为自己解放的标志，男人能开拖拉机，女子也能！男子能当飞行员，女子也能！男子能炼出钢铁，女子也能！……在妇女们的心中，似乎能做到男子所能做的一切，就实现了自身的解放，岂不知这恰是"女子带着女性的生理特征插入男性的跑道，以其短比其长，造成心理损伤和心理扭曲"①。其二，女性职业化及家庭中男女角色的互换。自1956年开始的"男女同工同酬"，使女性的经济收入得以与男性相等，若再加上女工的其他福利性待遇，则要超过同工的男性。于是，女性成了家庭中的"女强人"。而一个男子当拿着同样或者是略少于妻子的工资回到家中的时候，他失去了往昔的尊严，加之其体力毕竟优于女性，便只好比工资多于自己的妻子干更多的家务。在这一情形下，"母性"受到压抑，那本该属于女性的部分家庭角色则完全由其"职业化"角色所取代，家庭中的性别分工荡然无存。其三，女子对自我价值的强力追求。改革开放所带来的市场经济像一只无形的手，使妇女在择业问题上面临着巨大的困难。但是，基于数十年来妇女解放的成果，使本来是社会市场竞争中的弱者的女子，误以为自己不弱，更不愿甘心回到家务琐事中而重新沦为男子的附庸。这就导致了众多女子一方面抱

---

① 顾德欣主编：《地球村里的困惑》，中国青年出版社，1996年版，第119页。

着"女士优先"的期冀心理参与社会的竞争，希望人们能对之予以更多的保护与照顾；另一方面，如果目的难以达到，其中的极少数人还会采取一些不足为外人道的"额外"方式去强力追求自我价值的实现，这"往往使女性沦为男子的玩物，并承受自由化的一切后果"①。

正是由于这种种误区的存在，造成了现阶段家庭生活的紊乱。它打破了古老的家庭分工模式，却没有为家庭中的丈夫与妻子提供一个新形势下的适当角色模式。

例如，家庭中的男女主人都外出工作，家务该由谁来做？幼小的孩子应由谁来抚育？在家庭经济生活中应该由谁说了算？在家庭中出现了分歧应如何解决？在子女的教育中出现了问题怎么办？等等，等等。

由于失去了，或者说根本就没有社会文化的引导，在大多数家庭中只好任凭当事者们自己去摸索、选择，彼此适应。于是家庭矛盾丛生，角色冲突千奇百怪。这一现实，在经历了几十年的男女平等教育和数千年男子夫权主义的熏陶之后，双方很容易导致各不相让。荀子曾言："父者，家之隆也，隆

---

① 顾德欣主编：《地球村里的困惑》第 119 页。

一而治，二而乱。"（《荀子·致仕》）在这里并不是要宣扬父权主义，而是说在缺乏一种社会文化引导的情况下，在丈夫与妻子之间缺乏一种较为固定的家庭角色模式的前提下，这些问题往往会导致家庭的混乱。在子女教育问题上，之所以会出现类似于任性、娇气、嫉妒、固执、利己等方面的弱点，其中一个原因就在于在许多家庭中形成了一个怪圈："孩子怕爸爸，爸爸怕妈妈，妈妈怕孩子。"当然妈妈并不是真正惧怕孩子，而是出于母爱的天性，过分溺爱，但这也是导致独生子女在犯了错误后了无惧怕，任性而为的一大原因。郑也夫先生对此指出：

> 正是因为这一（妇女）解放运动是以扶持弱者、抑制强者为手段的，它把男子赶进了家务，把女子推向了社会。它使强者不敢相信自己的力量，弱者误以为自己不弱，从而破坏了社会的基本分工，瓦解了社会的起码的效率……最终失去了男子的气概与女子的温情，沦落到一种"中性"或曰"无性"的状况中。此种"无性"又将使这个社会变得无色——色彩单一；无情——情感贫乏；无味——趣味枯燥。（《代价论》，第70～71页）

因此，在未来的家庭中，首先应该重新考虑丈夫与妻子之间的角色分工。父权主义的暴虐及对女性的压抑性后果决定了传统的父权制家庭并不足取。同时，我们曾经有过的妇女解放运动的几十年历程毕竟不可能白白走过。尽管中国妇女社会权利的获得，"主要是通过社会主义革命在立法形式上超前实现的"，（李小江：《夏娃的探索》）但是妇女们在婚姻、家庭、求学、择业各方面的确都有了自己的正当的权益。问题是在市场经济崛起的条件下，每个家庭应有所抉择：是男人更有社会工作能力还是女人？怎样分工才有最佳综合效益？

其次，市场经济的崛起及其对劳动大军的无情选择，已使女性失去了或者说是部分地失去了特殊政策的保护。在这种情况下，社会乃至家庭本身可以为女性提供多种选择，一部分妇女要回家，一部分妇女需息工，一部分妇女要工作，可以任其选择。市场经济的无形之手，将社会竞争的公平原则带给了每一个人：男人和女人。一个成功的女性在平等竞争的原则下，可以成为社会上的任何一种人：教授、巨商、部长、主席等等；一个在夫妻分工合作中自愿成为家庭主妇的女性，社会也应尊重她的选择；一个在企业排挤过剩劳动力的过程中下岗的女性，如果她还想求得生存和发展，也可以自由地去寻找各种就业的机会。正如妇女问题专家李小江女士在《改革大潮中的中国女性》一文中所言，所谓的妇女解放，不仅是为无人权的女性要求人权，而且是"肯定人的价值，并为个人的自我社会价值的充分实现提供机会"。所以，当性别不再是家庭分工中导致冲突的原因时，丈夫与妻子或者就已经找到了各自在家庭中地位与角色，男女之间对家庭的权利、义务与责任就有了各自的目标。

家庭，曾经是一片铺满深情厚爱的芳草地。谁不想有个家？谁不想在经历了外面世界的种种苦恼和无奈后，回到家中去领取疼爱，享受关怀？然而，家庭是奇妙的，一对极为出色的男女未必就能组成一个幸福的家庭；暴虐的父权制可以为性别角色提供一种模式，并使个体在压抑中得到"安全感"，使家庭在"定式"中免于混乱；社会文明的发展与进步，并不与家庭的和谐、幸福同步，相反，几乎越是文明的民族就越不可能与配偶取得终身的幸福。于是，人们对家庭的演化与变迁，表现出了越来越多的无奈！人们在分享温馨之家的甜美时，却往往夹杂着丝丝苦涩，这也迫使人们一次次地扪心自问：高扬个性，追求幸福是否必须以对家庭的损害为代价？在个人的自由与社会的安定之间，是应削足适履还是造履适足？

　　我们从传统走来，面临着改造传统的任务；我们向未来走去，担负着社会发展的重任。对传统我们不能全盘否定，更不能回归传统；对未来我们应致力于创造，但创造并不意味着矫枉必须过正。一个社会主义市场经济形势下的新型的家庭性别角色分工模式，将使家庭更加和谐，更加宽容，更加温馨，使高扬的个性、自我的实现与家庭的幸福紧密相连。

　　以人类最有价值的理智和真情去营建自己的幸福家庭吧。这同样是诗的创造，画的描绘，是人类一首动听的畅想曲。我们祝愿，天下人家都幸福，未来家庭更芬芳！

后 记

家，对于我们来说是既亲切又陌生的。家庭民俗，同样如此。亲切之处，在于我们自小沐浴在温暖的家庭春风中，直至现在人到中年，仍然上有父慈母爱，中有爱人体贴，下有儿女欢娱；陌生之点，在于如何从哲理的高度给予家庭以辨析，如何自理性的视野给家庭民俗以梳理。这实在是一个所涉内容庞杂，所及理论深奥的重大课题。

何况，对于家庭民俗这个人生与社会行为规范密集点的研究，本来就是一个公说公有理，婆说婆有理，剪不断、理还乱的领域。

庆幸的是，我们读了历史，又对民俗极感兴趣。历史研究的惯性使我们能对家庭的发展线索有着较准确地把握，而民俗研究的极力跟进则使我们能对家庭民俗的总体框架有着较清晰的认识。于是，具有了以历史的过去取证民俗的现在，以民俗的现在推论历史的过去的思维方式。同时，也具有了敢于接受在两个月内完成这本书写作的胆量和勇气。

胆量和勇气，从另一角度来说则是自不量力。的确如此。当我们在自认为对家庭和家庭民俗这个尚还熟悉的领域中作一番学术上的遨游时，我们才发现，自己对生我养我的家存有那样众多的知识盲点，要对家庭民俗予以理性的分析是那样的艰难。中国古人有言："人贵有自知之明。"自不量力的结果发现了自己的无知，看到了自己的不足。这是收获，也是可以推脱责任的理由。但是，我们已无退路。师长给我们的研究任务，我们不能推脱。作为学者和教师的我们，也没有任何理由予以推脱。于是，奋力开凿，集众家之长，发学识之底，江郎才尽，方成就了这样一本小书。

虽是一本小书，却是我们长期积累、多年思虑的结晶。我们两位作者，多年共事，生活上互相照顾，学术上互相激励，虽年龄上有所差异，但志向上颇为一致：读书为人，勤奋忠诚，不求闻达于诸侯，但愿把经典名著读遍读烂；宁静淡泊，清贫守志，不想家财万贯以遗子孙，只求将所学所思回报社会。这本小书既是我们长期友谊的象征，也是我们联手研究同一个学术问题的开端。

在此书的写作过程中，我们曾得到过多位师友的帮助。山东教育出版社刘连庚先生，曾多次给予指点。山东大学叶涛先生，曾赐予大量资料。昌师图书馆的姜华珍女士为我们的著述和研究提供了方便。在此，一并表示谢忱。

兴之所至，说得颇多。不过，目的只有一个：穷乡僻壤之见，陋室书匠之识，颇多谬误，在此恳请大方之家，读者上帝，百般评说，不吝赐教。